MAGISTERIO

Casas Alfonso, Esperanza.
     Divertidas matemáticas / Esperanza Casas Alfonso. — 2ed.— Bogotá: Cooperativa Editorial Magisterio, 1996.
     140p. :il— (Colección Aula Alegre)
     ISBN. 978-958-20-0102-5
     1. Matemáticas - Enseñanza  I.Tit.  II.Serie
CDD  372.7 / 513.  /C18d.

Esperanza Casas Alfonso

# Divertidas Matemáticas

MAGISTERIO

MAGISTERIO

# Divertidas matemáticas


©     Esperanza Casas Alfonso

      Libro ISBN. 978-958-20-0102-5

Primera edición: 1991
Segunda edición: 1998
Tercera edición: 2003
Cuarta edición: 2006
Quinta edición: 2011

©     COOPERATIVA EDITORIAL MAGISTERIO
      Diag. 36 Bis *(Parkway La Soledad)* No. 20-70 PBX: 2884818
      Bogotá, D.C. Colombia
      www.magisterio.com.co

Dirección General
ALFREDO AYARZA BASTIDAS

*A mi hija
Carolina Esperanza*

# Contenido



Bibliografía

# Presentación

En mi labor como educadora, he logrado comprobar con resultados óptimos que el mejor método para mantener despierto a un estudiante es proponerle un juego matemático intrigante, un pasatiempo, un truco mágico, una paradoja, un trabalenguas o cualquiera de esas mil cosas que los profesores aburridos suelen rehuir porque piensan que son frivolidades. Un maestro que sólo ofrezca pasatiempos, es igual de ineficaz. Para enseñar unas matemáticas significativas, debe existir una relación recíproca entre seriedad y frivolidad; la frivolidad mantiene alerta, la seriedad hace que el juego merezca la pena.

El contenido del libro es variado, encontramos pasatiempos con estrellas mágicas, cuadrados mágicos, cerillas, construcción y partición de figuras, operaciones misteriosas, problemas de lógica, paradojas, ilusiones ópticas y ajedrez.

Surgen las preguntas:

- ¿Cómo utilizar en forma adecuada esta variedad de pasatiempos?
- ¿Cuál es el valor pedagógico de ellos?
- ¿Qué habilidades y destrezas pueden desarrollar los alumnos?
- ¿Qué grados de dificultad se pueden presentar?

Analizar juego por juego sería una labor interminable, veamos algunos ejemplos:

# Estrellas mágicas

Al presentar pasatiempos con estrellas mágicas, el alumno debe colocar unos números que satisfagan ciertas condiciones: debe comenzar a establecer y a eliminar posibilidades, con ello lo estamos iniciando en el campo de la aritmética combinatoria, los planos proyectivos finitos, fundamentos de geometría y en el análisis y diseño de experimentos.

Todas las estrellas mágicas, tienen un número mágico, al principio no lo hallamos, pero llegará un momento en que debemos conocerlo para hacer más interesante su resolución. Al encontrar todas las posibles soluciones, se requiere que el muchacho analice diversas posibilidades y elija aquella que se adecúa a las condiciones del problema. Involucra ideas aritméticas y exige que el niño vaya más allá de la simple mecanización de la suma.

De otro lado, permite más adelante el planteamiento de problemas que tengan más de una solución, cuestión que desafortunadamente hemos olvidado y que desarrollan creatividad. Cuando todo este proceso haya sido asimilado, se le permite crear, inventar sus propias estrellas mágicas.

Estamos erradicando de nuestras clases, ese marcado énfasis en: lenguaje y simbolismo, reglas y esquemas, resultados, repetición e imitación, mecanización simple. Si meditamos un poco sobre estos puntos, podemos afirmar que en contraposición a ellos nuestras clases deben girar en torno a ideas matemáticas, los porqués (el significado de lo que se hace), pensar un poco sobre detalles, facilitar la participación activa del estudiante en la resolución de problemas a través del pensamiento reflexivo, incentivándolo a hacer preguntas, proponer otras soluciones a una determinada cuestión, justificar afirmaciones, explorar de un modo independiente un determinado asunto.

Encontrar lo mágico de cada estrella, se podría dejar para el nivel de secundaria, sin embargo no es bueno dejarnos encasillar pensando que los alumnos de primaria, no cuentan con elementos de juicio suficientes, para poder encontrarlos. Esta diferenciación la hallará el propio maestro teniendo en cuenta el nivel de maduración cognoscitivo de sus muchachos.

Es importante la disposición de los alumnos; particularmente he obtenido grandes resultados, cuando se ubican en grupos por las siguientes razones:

1.  Emiten diversos puntos de vista.

2.  Se crean debates al analizar las diversas conclusiones.

3.  Enriquecimiento de cada uno de los alumnos, por las ideas aportadas por sus demás compañeros.

4.  Sana competencia.

5.  La seguridad y satisfacción al resolver los pasatiempos.

# ¿A qué niveles van dirigidos?

A nivel primaria, a nivel secundaria, a cualquier persona interesada en ejercitar su mente. Las soluciones a nivel secundaria se pueden obtener, planteando ecuaciones, observando los grafos completos para 5 puntos, comparándolo al esqueleto de un tetraedro cuadridimensional, resolviendo las ecuaciones, elaborando generalizaciones.

Lo interesante en estos juegos, es la manera como se resuelven en diferentes niveles, de acuerdo a los conocimientos matemáticos con que cuenta cada persona.

# Juegos con cerillas, construcción y partición de figuras

Con estos juegos se introducen los conceptos de lado, vértice y se ponen en consideración las propiedades básicas de las figuras, de igual forma se pueden introducir los conceptos de imagen recíproca de simetría, de diagonales, de perímetro, de área, de volumen, etc.

Si los estudiantes han explorado las propiedades de las figuras, están en capacidad de extraer algunas conclusiones estableciendo relaciones entre las diferentes figuras geométricas. Los conceptos geométricos no se deben tratar solamente en el capítulo que lleva el nombre de geometría, utilizando juegos como éstos, hacemos más geometría y a diario. El uso y resolución de construcción y partición de figuras conduce al trabajo con áreas y volúmenes que posteriormente pueden aventurarse en la exploración de las propiedades del cubo, del prisma y de la pirámide.

En algunas ocasiones, los maestros no trabajan la parte correspondiente a geometría en ningún nivel. Existen alumnos que les llama la atención la aritmética, el álgebra, el cálculo, pero no desean saber nada de geometría o trigonometría; por experiencia propia la geometría es una herramienta básica ya que es una importante ayuda en las comunicaciones. Nuestro lenguaje usual hablado y escrito tiene muchos términos geométricos: punto, línea, plano, curva, ángulo, paralelo, perpendicular, círculo, etc. Si vamos a comunicar a otros, la localización, tamaño o forma de un objeto, la terminología geométrica es esencial. Ej: la calle de la escuela es paralela a la calle principal "Gire a la izquierda con la segunda luz del semáforo".

Usamos los términos geométricos para describir la forma de los objetos: "El baldosín del piso es cuadrado", o "el tanque es cilíndrico", etc. La geometría es una herramienta básica porque tiene importantes aplicaciones en la solución de problemas de la vida práctica. Abundan oportunidades para utilizar la geometría en situaciones de medida en nuestro hogar.

Utilizamos medidas lineales para centrar una pintura en la pared, para determinar la forma y el área del terreno de nuestro jardín. Utilizamos la medida de superficie para determinar cuántos m$^2$ de tapete se necesitan para la sala o determinando el área de la superficie que se necesita pintar en la casa.

Utilizamos medidas de volumen en el cálculo del volumen de un cuarto de nuestra casa para determinar la capacidad de un aparato de aire para mantener dicho cuarto fresco.

Esta unidad completa a la matemática básica en los programas curriculares y nos proporciona ricas visualizaciones de los conceptos de aritmética, álgebra y estadística.

Se utilizan ejemplos y modelos geométricos para una comprensión de los ejemplos matemáticos así:

- La recta numérica se usa para ilustrar los conceptos de números y operaciones.
- Regiones geométricas son usadas para ilustrar el significado de las fracciones, fracciones equivalentes, orden entre fracciones y cómputo de fracciones.
- El plano ordenado y la idea de representar un punto por un par ordenado de números reales nos muestra la relación entre el álgebra y la geometría.
- Representar datos por medio de barras, líneas o gráficos, ayuda a un mejor entendimiento en la estadística.
- Figuras y formas geométricas son usadas con frecuencia en la enseñanza de la lógica y la clasificación.
- Si nuestros estudiantes no poseen una formación geométrica básica estaremos muy restringidos en el uso de modelos, ayuda invaluable para la comprensión de los conceptos matemáticos básicos.

La construcción y partición de figuras, permite un mejor desarrollo de la percepción espacial estableciendo relaciones entre objetos en el espacio, se derivan valores culturales y estéticos trascendentales en la apreciación de la belleza de nuestro universo. Para su resolución se puede utilizar la disposición de los alumnos en grupos por razones anteriormente anotadas. Éstos pueden inventar sus propios pasatiempos y coleccionarlos.

Se ha tomado como punto de referencia, el juego con estrellas mágicas, cerillas, construcción y partición de figuras para dar a conocer el valor pedagógico de éstos.

Faltarían por analizar los demás juegos, sin embargo se considera suficiente el análisis con los ejemplos anteriores. Lo trascendental es el interés y el deseo de cambio que debe operarse en los docentes. Cuando el educador se propone algo más que ser un simple intermediario entre los programas establecidos y los alumnos, decide situarse más allá del sistema de normas que constriñen y limitan su labor, renuncia al mismo tiempo a la comodidad que proporcionan estas normas. Una pedagogía concebida con esta amplitud ofrece al maestro la oportunidad de labrarse un camino personal que le permite realizar sus iniciativas, encontrar su propio estilo pedagógico y lograr su plena realización como educador.

Una pedagogía coherente, busca el fundamento de su acción en su misma razón de ser; en el niño y el medio en que se desenvuelve; sus intereses y fantasías, su modo de jugar y de aprender; organiza la tarea de la clase de acuerdo con las capacidades del grupo, de sus motivos y sus ilusiones. Se logra un trabajo escolar que no viene impuesto del exterior, sino, que surge del propio grupo y se desarrolla de acuerdo con las iniciativas que el maestro acierta a estimular.

En los pequeños, la motivación tiene un carácter inmediato, el niño, se interesa por el tema mismo, por sus factibilidades de desarrollo, porque estimula su fantasía, por sus posibilidades lúdicas. En la escuela primaria no es frecuente que un niño se interese por un tema determinado por razones de conveniencia exteriores al tema en sí, que se refieren a un futuro más o menos lejano. Sólo hacia la adolescencia, el escolar va adquiriendo la capacidad de proyectarse en el mañana y de organizar sus actividades de acuerdo con este hipotético futuro, en la medida en que surgen en él nuevos intereses que preludian su vocación.

En una pedagogía cercana al niño, la matemática constituye una actividad que se vincula con naturalidad a la vida escolar. Lo adecuado es propiciar aquellas situaciones que estimulan la reflexión matemática. En una atmósfera adecuada a través de sus experiencias, de sus vivencias, en estrecho contacto con el mundo que lo rodea, el niño descubre y construye su lenguaje matemático.

Una reflexión sobre la pedagogía es fecunda en la medida que emana de la misma práctica pedagógica, la que continuamente plantea nuevas estrategias y descubren otras perspectivas. De esta manera no es fácil dar por terminado un libro dedicado a examinar y discutir distintos aspectos de la *pedagogía en matemáticas*, pero hay que terminar, no en el sentido estricto de la palabra, es un alto en el camino, puede ser un punto de partida para que otros retomen y discutan las opiniones, desarrollen nuevas reflexiones y abran nuevas espectativas.

# Capítulo 1

# Estrellas mágicas

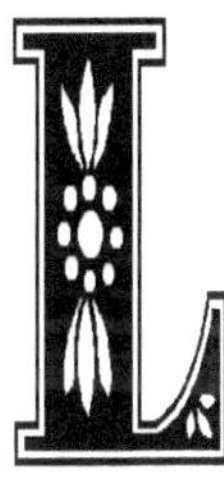

La estrella mágica más sencilla es la estrella de navidad de 5 puntas que aprendimos a dibujar de niños siguiendo un camino de 5 líneas. En la brujería de la edad media y del renacimiento era el místico "pentagrama".

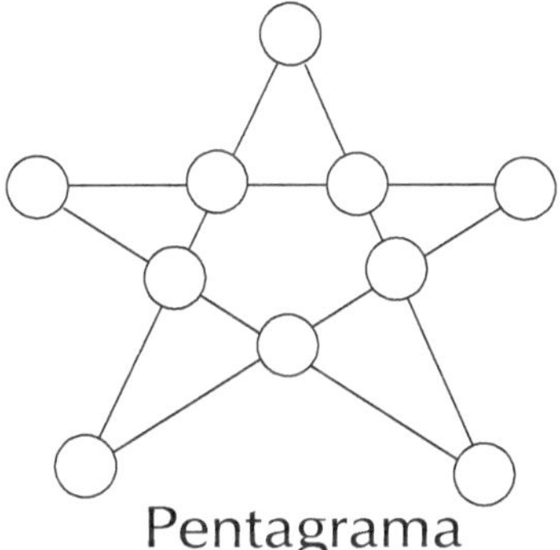

Pentagrama

Otra de las estrellas mágicas es el Hexagrama, *Sello de Salomón y Estrella de David*, una figura tan sobresaliente en la historia del ocultismo y de la superstición como el pentagrama. El número de líneas es de 6, cada vértice es común a dos de ellas.

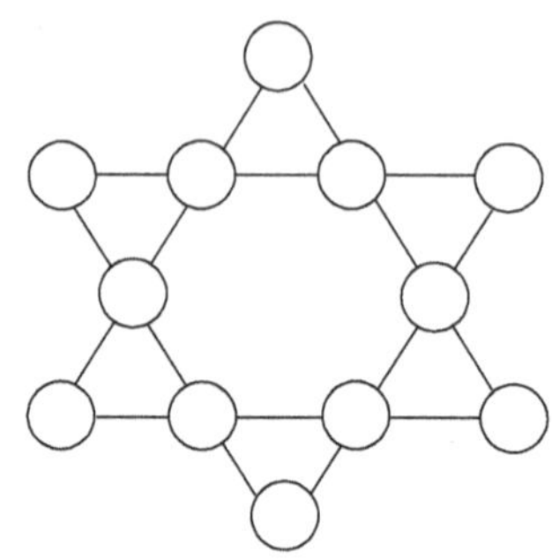

## Hexagrama

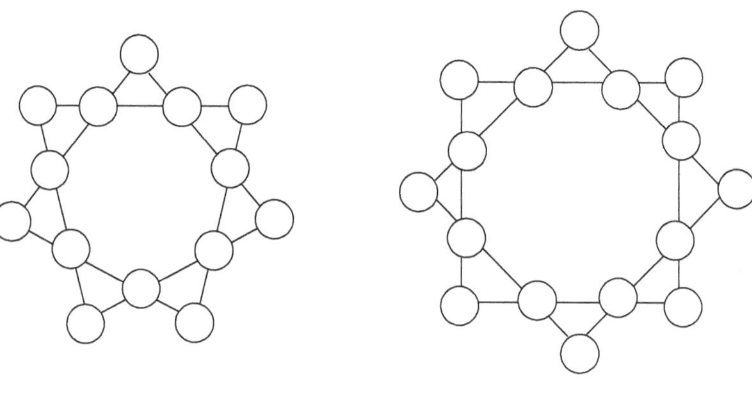

## Septagrama          Octagrama

Encontramos también el septagrama o estrella de siete puntas.

Y el octagrama o estrella de 8 puntas.

Todas las estrellas mágicas se pueden desdoblar, por lo cual se facilita la búsqueda de soluciones.

Atendiendo a lo anterior resolveremos algunos problemas, aplicados a las estrellas mágicas.

# Problemas

1. Colocar los números naturales del 1 al 10, en los diez círculos del pentagrama, de manera que los cuatro números de cada línea sumen lo mismo.

2. Colocar los números naturales del 1 al 12, en los 12 círculos del hexagrama, de manera que los cuatro números de cada línea sumen lo mismo.

3. Colocar los números naturales del 1 al 14, en los 14 círculos del septagrama, de manera que los cuatro números de cada línea sumen lo mismo.

4. Colocar los números naturales del 1 al 16, en los 16 círculos del octagrama, de manera que los cuatro números de cada línea sumen lo mismo.

Veamos las soluciones de estos cuatro problemas. Observaremos lo fácil que es construir estrellas mágicas conociendo lo mágico de éstas. Es trascendental buscar soluciones pues se trata de una rama de la combinatoria recreativa (ensayo-error).

# Soluciones

1. La suma de los enteros del 1 al 10 es 55:

$$1 + 2 + 3 + 4 + 5 + 6 + 7 + 8 + 9 + 10 = 55$$

Cada número aparece sobre dos líneas, por lo tanto, la suma de las sumas de las cinco líneas debe ser 2 veces 55, es decir 110.

Como las sumas de las cinco hileras son iguales, cada una debe valer 110/5=22.

Si existe un pentagrama mágico, su constante mágica debe ser 22 (los cuatro números de cada línea deben sumar 22).

Los alumnos intentarán construir pentagramas utilizando los números del 1 al 10, de manera que los cuatro números de cada línea sumen 22. Después de muchos intentos se concluirá que no es posible encontrar solución a este problema.

Lo único que podemos hacer sin utilizar dos veces un número ni negativos, ni el cero es marcar los vértices con 1, 2, 3, 4, 5, 6, 8, 9, 10, 12. Con lo cual obtenemos un pentagrama mágico defectuoso, cuya constante es 24, y su mayor número, 12, son los más pequeños posibles.

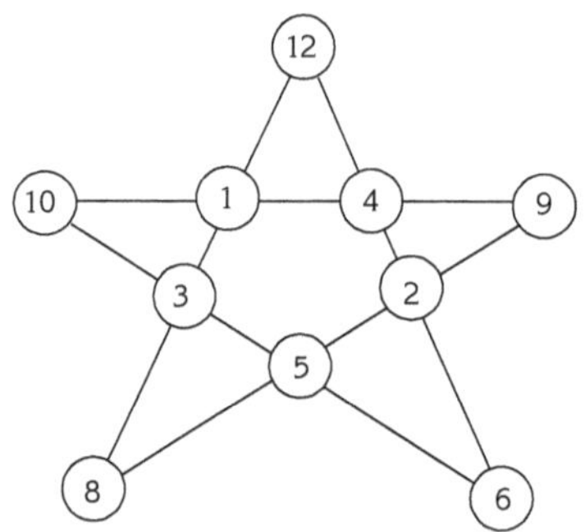

En donde:

$10 + 3 + 5 + 6 = 24$      $10 + 1 + 4 + 9 = 24$

$12 + 1 + 3 + 8 = 24$      $9 + 2 + 5 + 8 = 24$

$12 + 4 + 2 + 6 = 24$

2. Observando el hexagrama notaremos que el número de líneas es de 6, cada vértice es común a dos de ellas y los números del 1 al 12 suman 78:

$$1 + 2 + 3 + 4 + 5 + 6 + 7 + 8 + 9 + 10 + 11 + 12 = 78$$

El valor de la constante mágica es:

$$\frac{(2 \times 78)}{6} = 26$$

Hemos hallado que los cuatro números de cada línea deben sumar 26. Con éste probamos lo mágico de la estrella de 6 puntas.

Con este dato los alumnos construirán hexagramas utilizando los números del 1 al 12, de manera que los cuatro números de cada línea sumen 26.

Algunas soluciones son:

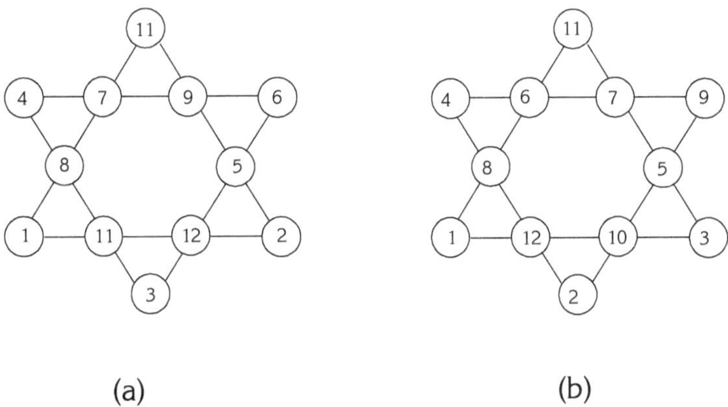

(a)                                     (b)

El señor A. Domergue de París encontró 80 soluciones, utilizando diferentes procedimientos.

Creo suficiente y necesario el que los alumnos trabajen la suma (26).

Otra solución es ubicar los números de tal forma que las sumas de los vértices sean igual a 26.

Por ejemplo en la figura (a):

$$10 + 4 + 1 + 3 + 2 + 6 = 26$$

Cada alumno intentará buscar el mayor número de soluciones.

Posteriormente se les suministrarán estrellas mágicas con algunos números para completarlas.

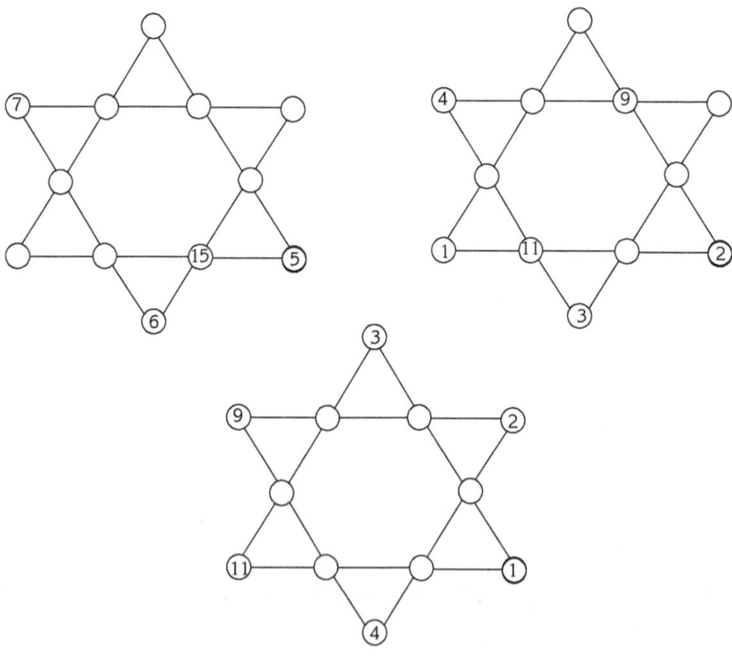

Cada alumno construirá sus hexagramas, borrando algunos números (dejando espacios), para que los demás compañeros ubiquen los números que faltan.

3. Observando el septagrama notaremos que el número de líneas es de 7; cada vértice es común a dos de ellas y los números del 1 al 14, suman 105:

$$1 + 2 + 3 + 4 + 5 + 6 + 7 + 8 + 9 + 10 + 11 + 12 + 13 + 14 = 105$$

El valor de la constante mágica es:

$$\frac{(2 \times 105)}{7} = 30$$

Hemos encontrado que los cuatro números de cada línea deben sumar 30. Con esto probamos lo mágico de la estrella de 7 puntas.

Con este mágico dato los alumnos construirán y resolverán septagramas utilizando los números del 1 al 14 de manera que los cuatro números de cada línea sumen 30.

Algunas soluciones son:

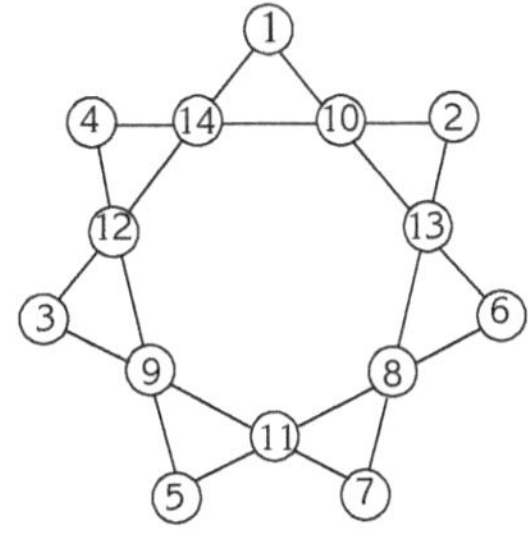

La estrella de 7 puntas tiene 72 soluciones, fueron obtenidas por la señora de *Peter W. Montgomery, de North Saint Paul.* La solución que aparece en la figura, se obtuvo colocando los números enteros del 1 al 7, sobre los puntos externos de la estrella.

¿Será posible perfeccionar el septagrama, de tal manera que la suma de las líneas sea 30 y además la suma de los puntos, externos sume también 30?

Conociendo la suma de los 4 números alineados, cada alumno intentará encontrar el mayor número de soluciones, explicando la manera de obtenerlas.

Luego se les presentarán septagramas con algunos números para completarlas.

*Septagramas,* para completar:

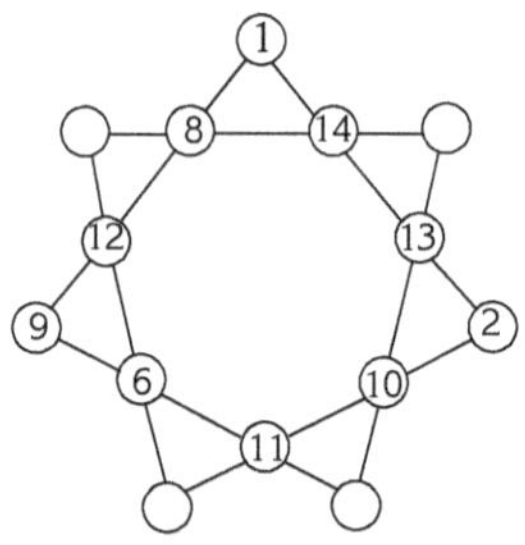

Cada alumno construirá sus septagramas borrando algunos números (dejando espacios), para que los demás compañeros ubiquen los números que faltan.

Observando la estrella mágica de 8 puntas (octagrama), notaremos que el número de líneas es de 8, cada vértice es común a dos de ellas y los números del 1 al 16 suman 136.

$1 + 2 + 3 + 4 + 5 + 6 + 7 + 8 + 9 + 10 + 11 + 12 + 13 + 14 + 15 + 16 = 136$

El valor de la constante mágica es:

$$\frac{(2 \times 136)}{8} = 34$$

Hemos encontrado que los 4 números de cada línea deben sumar 34. Con lo cual probamos lo mágico de esta estrella.

Algunas soluciones son:

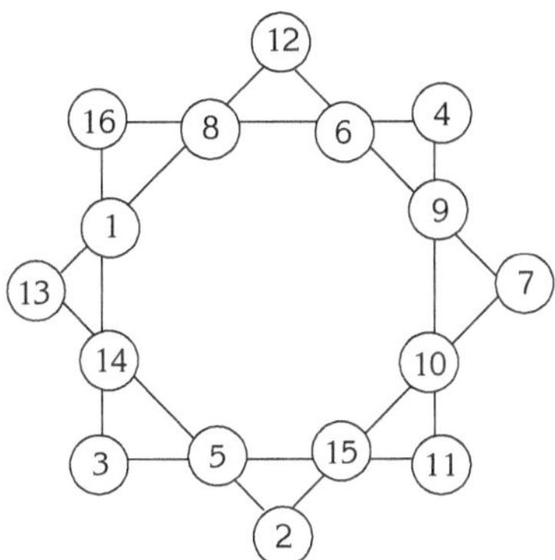

La estrella de ocho puntas tiene 112 soluciones fueron halladas por *Domergue* y estimó en más de 2.000 las de nueve puntas.

Conociendo la suma de los cuatro números alineados cada alumno intentará encontrar el mayor número de soluciones.

*Presentación de octagramas con algunos números para completarlos.*

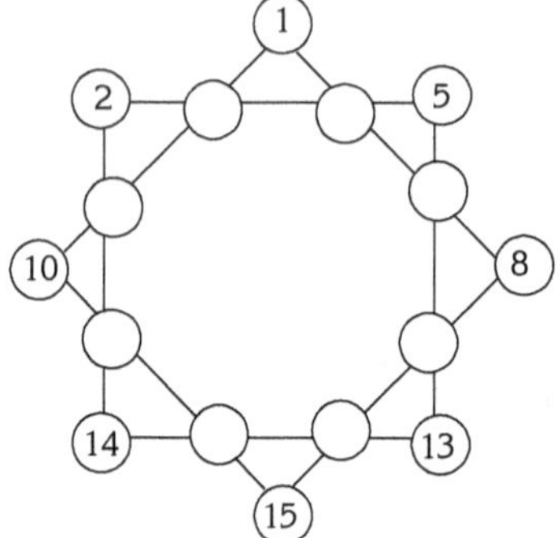

Habiendo encontrado lo mágico de estas cuatro estrellas, se pueden presentar otro tipo de problemas, hallando soluciones.

Ejemplo:

- Colocar números en los círculos o puntos de unión de manera que cada línea en las dos estrellas sume lo mismo.

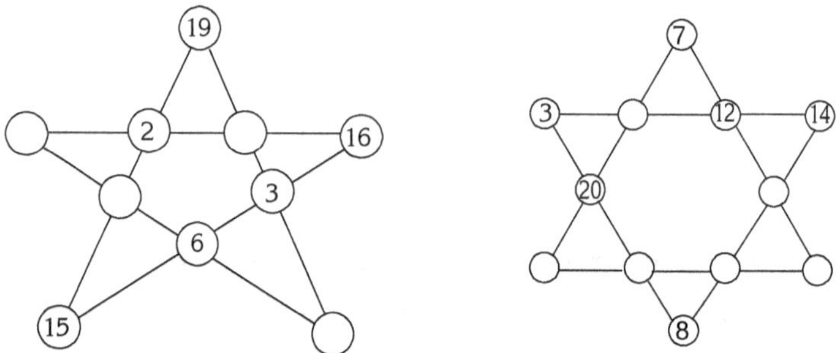

Se pueden resolver utilizando lo mágico de ellas, explicado anteriormente o colocando números cualesquiera, simplemente teniendo en cuenta que los números alineados sumen lo mismo.

Se obtienen las soluciones por el método clásico de la "cuenta vieja" (Nivel Primaria) o utilizando un sistema de ecuaciones lineales (Nivel Secundaria).

En ambos casos la suma de los cuatro números debe ser 40, así:

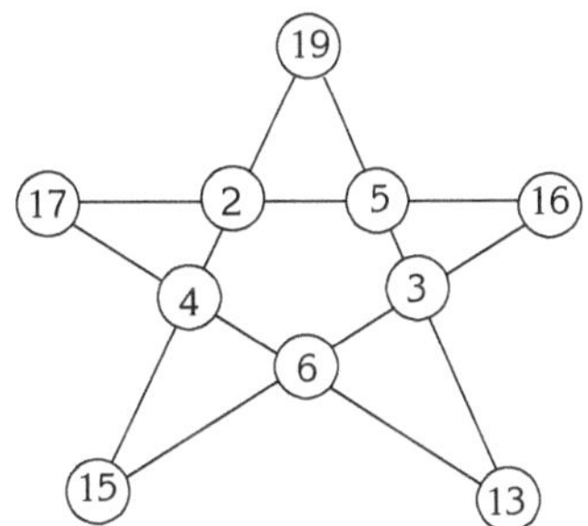

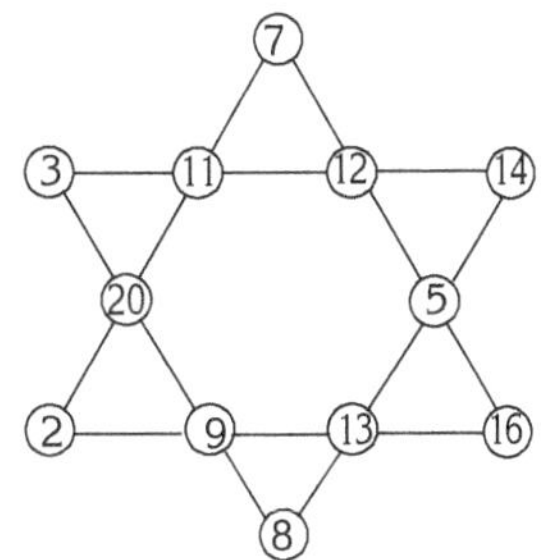

Otro tipo de estrella mágica es:

• Colocar los números 1, 3, 5 y 7 que alineados sumen 30.

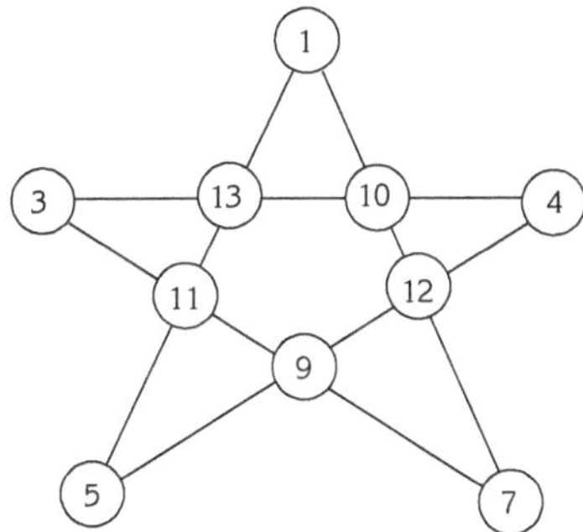

Conociendo la manera de hallar lo mágico de las estrellas se pueden presentar otra clase de figuras.

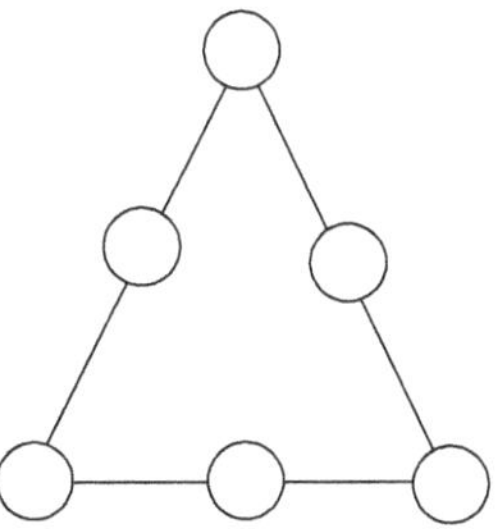

Colocar los números 1, 2, 3, 4, 5 y 6 de manera que los tres números de cada línea sumen 10.

Una vez los estudiantes encuentren una solución para cada estrella, pedirles que busquen el mayor número de soluciones. En cada caso explicar en forma oral o escrita las estrategias utilizadas.

Capítulo 2

# Cuadrados mágicos

## Cuadrados mágicos 3 x 3

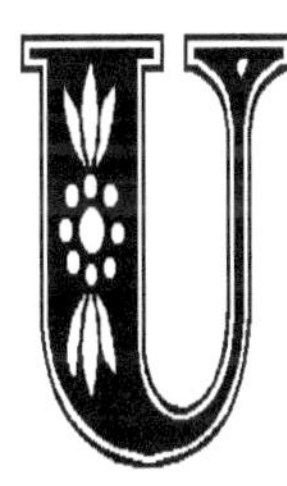

n cuadrado mágico consiste en un cuadro de números tal que todas las filas, columnas y diagonales den la misma suma. Ejemplo:

| 6 | 1 | 8 |
|---|---|---|
| 7 | 5 | 3 |
| 2 | 9 | 4 |

| 11 | 3 | 10 |
|----|---|----|
| 7 | 8 | 9 |
| 6 | 13 | 5 |

Estos son ejemplos de dos cuadrados mágicos, porque todas sus líneas suman 15 y 24 respectivamente.

La construcción de cuadrados mágicos es un pasatiempo antiquísimo que se remonta a la antigua China.

Los cuadrados mágicos 3 x 3 obedecen esencialmente al mismo esquema, el de la distribución de los 9 dígitos, como aparece en uno de los cuadrados anterioriores.

A partir de éstos, se pueden formar otros cuadrados mágicos aumentando todos los números en un número dado, por ejemplo el 2.

Otra alternativa es sustituir los números del 1 al 9, por los primeros impares. 1, 3, 5, 7, 9, 11, 13, 15, 17.

Existe otra manera muy interesante de generar un conjunto, de 9 números que puedan formar un cuadrado mágico de orden 3 x 3.

Escoger un número cualquiera, por ejemplo el 3, y otros dos números distintos, por ejemplo el 2 y el 5, que se le irán sumando repetidamente al 3 (el 5 por filas y el 2 por columnas).

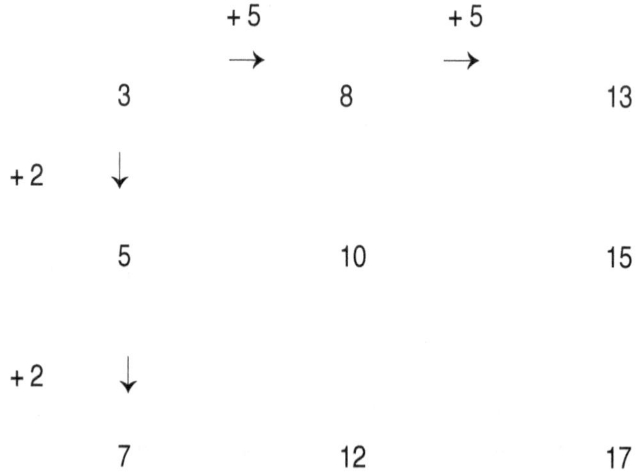


Se ordenan de menor a mayor, por filas:

3, 8, 13, 5, 10, 15, 7, 12, 17

Se colocan, por este orden, en lugar de 1, 2, 3, 4,... 9 del cuadrado básico y se obtendrá un cuadrado mágico, cuyo número mágico es 30.

Se obtiene:

| 12 | 3 | 15 |
|----|----|----|
| 13 | 10 | 7 |
| 5 | 17 | 8 |

Atendiendo a la manera de construir los cuadrados mágicos.

Los alumnos estarán en capacidad de resolver y construir sus propios cuadrados mágicos, así:

Completar los cuadrados mágicos, empezando por calcular su número mágico, a partir de las líneas que estén completas.

| 6 | 1 | 8 |
|----|----|----|
| 7 | 5 | 3 |
| 2 | 9 | 4 |

| 9 | 2 | 10 |
|----|----|----|
| 8 | 7 | 6 |
| 4 | 12 | 5 |

| 14 | 3 | 10 |
|----|----|----|
| 5 | 9 | 13 |
| 8 | 15 | 4 |

| 11 | 1 | 12 |
|----|----|----|
| 9 | 8 | 7 |
| 4 | 15 | 5 |

Al emplear el método explicado para construir nuevos cuadrados mágicos hay que tener la precaución de elegir las diferencias de tal manera que todos los números que vayan saliendo sean distintos así:

Sea *a* el primer número, *p* y *q* las diferencias; los números que se van generando y el cuadrado mágico resultante es:

| a | a + p | a + 2p |
| a + q | a + p + q | a + 2p + q |
| a + 2q | a + p + 2q | a + 2p + 2q |

| a + p + 2q | a | a + 2p + q |
|---|---|---|
| a + 2p | a + p + q | a + 2q |
| a + q | a + 2p + 2q | a + p |

El número mágico es $3(a + p + q)$ lo que demuestra que para cualquier cuadrado mágico 3 x 3 de números enteros *el número mágico es un múltiplo de tres.*

Como se anotó anteriormente en primera instancia, es interesante, que los alumnos resuelvan cuadrados; posteriormente con orientación del maestro, los mismos alumnos construirán sus propios cuadrados mágicos, con las conclusiones anotadas anteriormente.

Ejemplos de cuadrados mágicos de orden 3 x 3.

* Colocar los números del 3 al 11, de manera que sumen 21 (en un cuadrado mágico 3 x 3).
* Colocar los números del 10 al 90, de manera que sumen 150.
* Colocar los números del 5 al 40. Hallar su número mágico.

Conociendo las reglas para construir cuadrados mágicos de orden 3 x 3, es inmensa la cantidad de construcciones que se pueden efectuar.

# Cuadrados mágicos 4 x 4

En Europa se estudiaron los cuadrados mágicos desde comienzos del siglo XV. *Agrippa* construyó cuadrados mágicos de todos los tamaños del 3 x 3 al 9 x 9, asociándolos a los planetas de nuestro sistema solar. Las gentes de todas las épocas han cultivado un cierto misticismo numérico, siendo los cuadrados mágicos los de mayor atracción.

El famoso pintor *Durero* hizo un grabado en madera titulado "Melancolía", en el que la fecha de su ejecución 1.514, aparece formando parte de un cuadrado mágico 4 x 4.

| 16 | 3 | 2 | 13 |
|---|---|---|---|
| 5 | 10 | 11 | 8 |
| 9 | 6 | 7 | 12 |
| 4 | 15 | 14 | 1 |

En este cuadrado mágico, las filas, columnas y diagonales principales suman todas ellas 34.

Con los números 1, 2, 3, 4,..., 16 se pueden formar 880 cuadrados mágicos de 4 x 4. *Frénicle* los publicó todos en 1.693.

Los estudiantes tratarán de encontrar tantos conjuntos de 4 números simétricamente situados, que sumen 34. Pueden constituir 16 fichas cuadradas, y numerarlas del 1 al 16, para ver cuántos cuadrados mágicos 4 x 4 diferentes pueden formar.

He aquí algunos de ellos:

| 7 | 6 | 11 | 10 |
|---|---|----|----|
| 14 | 9 | 8 | 3 |
| 12 | 15 | 2 | 5 |
| 1 | 4 | 13 | 16 |

| 1 | 14 | 7 | 12 |
|---|----|---|----|
| 15 | 4 | 9 | 6 |
| 10 | 5 | 16 | 3 |
| 8 | 11 | 2 | 13 |

| 7 | 14 | 12 | 1 |
|---|----|----|---|
| 6 | 9 | 15 | 4 |
| 11 | 8 | 2 | 13 |
| 10 | 3 | 5 | 16 |

| 1 | 15 | 10 | 8 |
|---|----|----|---|
| 14 | 4 | 5 | 11 |
| 7 | 9 | 16 | 2 |
| 12 | 6 | 3 | 13 |

No hay ningún método sencillo para construir cuadrados mágicos de dimensión par, pero para los de dimensión impar vale la pena recordar el método siguiente, debido a *Bachet de Meziria*. El ejemplo es para un cuadrado mágico 5 x 5 pero se puede aplicar a cualquier otra dimensión impar.

| 3 | 16 | 9 | 22 | 15 |
|---|----|---|----|----|
| 20 | 8 | 21 | 14 | 2 |
| 7 | 25 | 13 | 1 | 19 |
| 24 | 12 | 5 | 18 | 6 |
| 11 | 4 | 17 | 10 | 23 |

Primero se amplía el cuadro 5 x 5 para formar el nuevo cuadrado en diamante.

<table>
<tr><td></td><td></td><td></td><td>5</td><td></td><td></td><td></td></tr>
<tr><td></td><td></td><td>4</td><td></td><td>10</td><td></td><td></td></tr>
<tr><td></td><td>3</td><td></td><td>9</td><td></td><td>15</td><td></td></tr>
<tr><td>2</td><td></td><td>8</td><td></td><td>14</td><td></td><td>20</td></tr>
<tr><td>1</td><td>7</td><td></td><td>13</td><td></td><td>19</td><td>25</td></tr>
<tr><td>6</td><td></td><td>12</td><td></td><td>18</td><td></td><td>24</td></tr>
<tr><td></td><td>11</td><td></td><td>17</td><td></td><td>23</td><td></td></tr>
<tr><td></td><td></td><td>16</td><td></td><td>22</td><td></td><td></td></tr>
<tr><td></td><td></td><td></td><td>21</td><td></td><td></td><td></td></tr>
</table>

Numera después, las "diagonales" paralelas a las que van del extremo superior en la forma que indica la figura (numeradas del 1 al 5).

Imagina ahora que los tres números, que quedan fuera del cuadro inicial por cada lado, los introduces, sin alterar su orden por el lado opuesto (como con cuadrados punteados en la figura para uno de los 4 pasos). El resultado es un cuadrado mágico 5 x 5.

Los alumnos resolverán los siguientes cuadrados mágicos de orden 4 x 4.

- Colocar los números del 5 al 20 de manera que sumados en vertical, horizontal y diagonal sumen lo mismo (50).

| 6 |  | 20 |  |
|---|---|---|---|
|  |  |  | 5 |
| 15 |  |  |  |
|  | 10 |  | 16 |

Colocar los números del 1 al 16 uno en cada casilla de modo que sumados en vertical, horizontal y diagonal sumen 34.

| 13 | 8 |   |    |
|----|---|---|----|
| 3  |   |   |    |
|    |   |   | 14 |
|    |   | 9 | 4  |

Colocar los números para que sumados en vertical u horizontal, se obtenga el mismo resultado.

| | | | 14 |
|---|---|----|----|
| | | | 4 |
| | | 1 2 | |
| 13 | | | |

| 9 | | 14 | |
|---|---|----|---|
| | | | |
| 7 | | 21 | 10 |
| | | | 8 |

| | 18 | | |
|---|----|----|---|
| | | 23 | |
| | 7 | | |
| | 15 | 2 | |

El profesor(a) escribirá más números o menos números en cada cuadrado, teniendo en cuenta el grado de dificultad para los estudiantes.

Conociendo lo mágico de los cuadrados 4 x 4, los alumnos pueden construir sus propios cuadros, borrar algunos números y lanzarlos para que sus compañeros los resuelvan.

Ejemplo:

| 4 | 14 | 15 | 1 |
|---|---|---|---|
| 9 | 7 | 6 | 12 |
| 5 | 11 | 10 | 8 |
| 16 | 2 | 3 | 13 |

| 4 | 9 | 5 | 16 |
|---|---|---|---|
| 14 | 7 | 11 | 2 |
| 15 | 6 | 10 | 3 |
| 1 | 12 | 8 | 13 |

Una vez los estudiantes encuentren una solución para cada cuadro mágico, pedirles que busquen el mayor número de soluciones. En cada caso explicar en forma oral o escrita las estrategias utilizadas.

# Capítulo 3

# Juegos con cerillas

1.

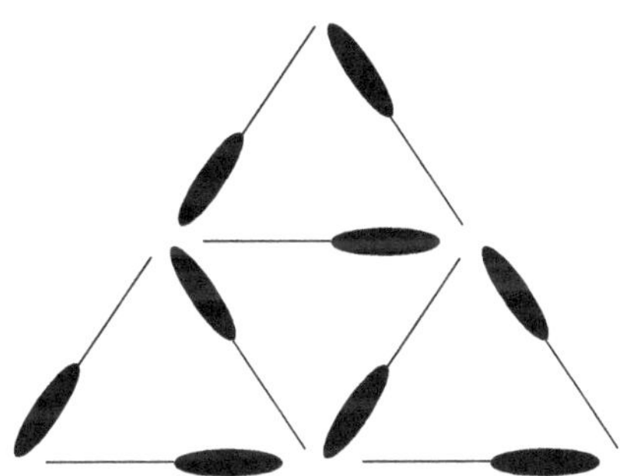

ncontramos 9 cerillas, formando 4 triángulos equiláteros.

Se trata ahora de construir 4 triángulos equiláteros de la misma forma y tamaño que los anteriores utilizando sólo 6 cerillas.

2.  Retirar tres cerillas de las 15 que forman esta figura, de manera que sólo queden 3 cuadrados.

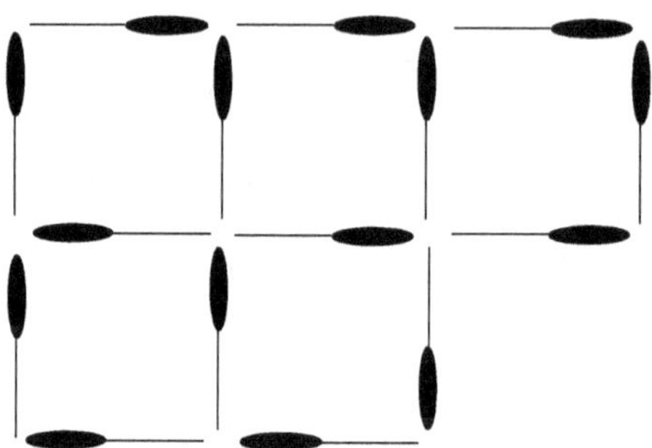

3.  Quita 4 cerillas de las 16 que forman la figura de manera que queden exactamente 4 triángulos equiláteros iguales en área.

4.  Transforma la espiral de la figura en 3 cuadrados (no necesariamente iguales), moviendo sólo 4 cerillas.

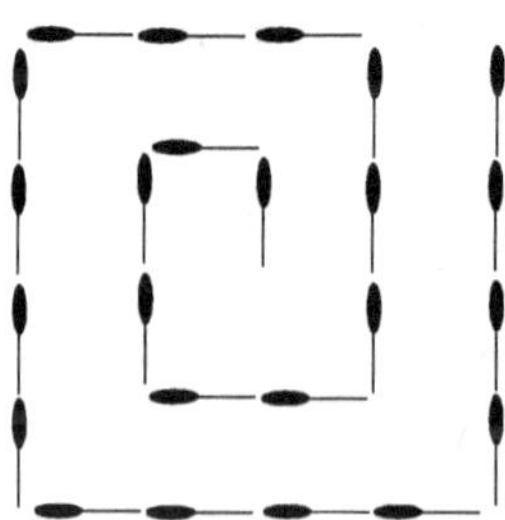

5. Convierte esta iglesia, con su torre, en 3 cuadrados iguales, moviendo sólo 5 cerillas.

6. Quita 6 cerillas para encontrar dos cuadrados de diferente área.

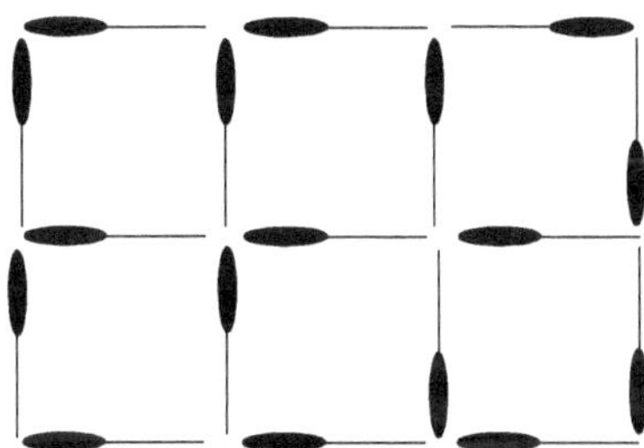

7. Se tienen 24 cerillas dispuestas como se observa en la figura.

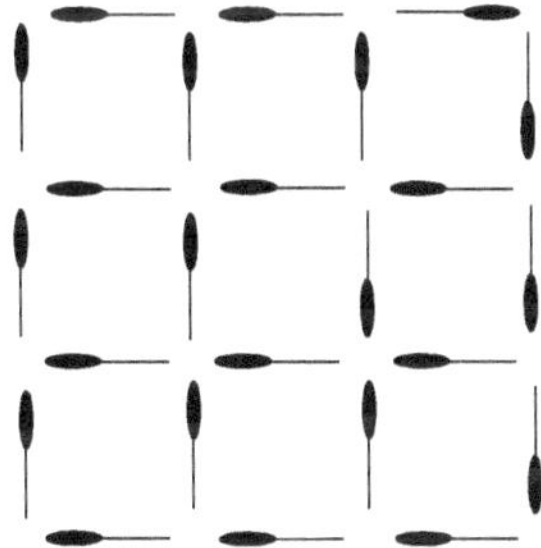

- Quita 8 cerillas para encontrar dos cuadrados de diferente área.
- Suprime 8 cerillas para que queden cuatro cuadrados iguales en área.

8. Retira 5 cerillas para encontrar 3 cuadrados del mismo tamaño de los que se muestran.

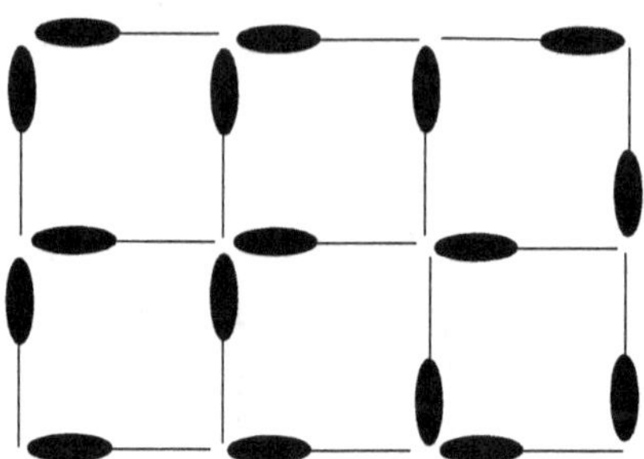

9. Agregando 3 cerillas, forma 4 triángulos de áreas iguales.

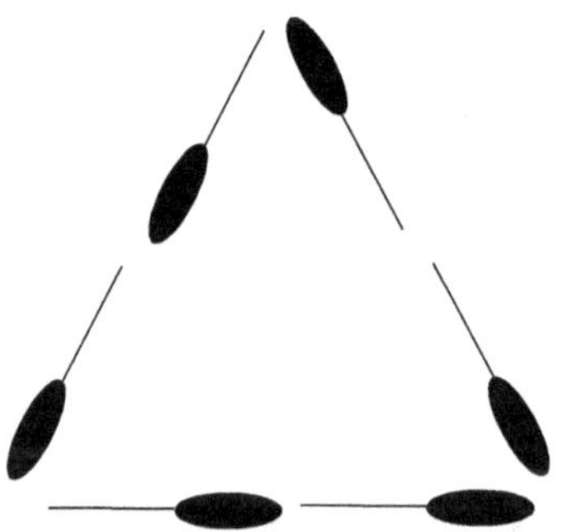

10. Cambiando de lugar 3 cerillas, deja 4 cuadrados completos de igual área.

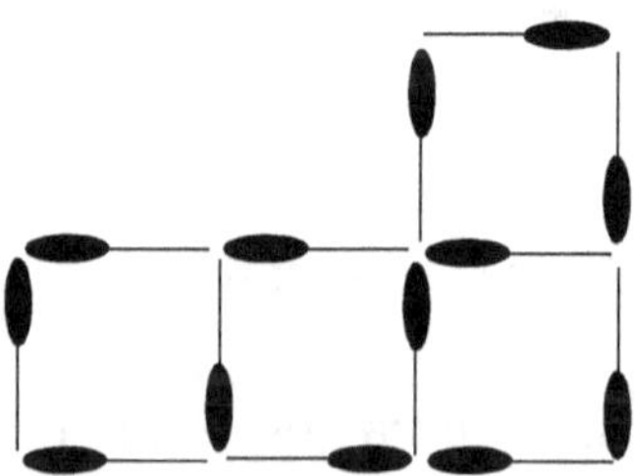

11. Cambiando de lugar 3 cerillas, construye 3 cuadrados  de igual área.

12. Cambia de lugar 3 cerillas para formar 6 cuadrados  de igual área.

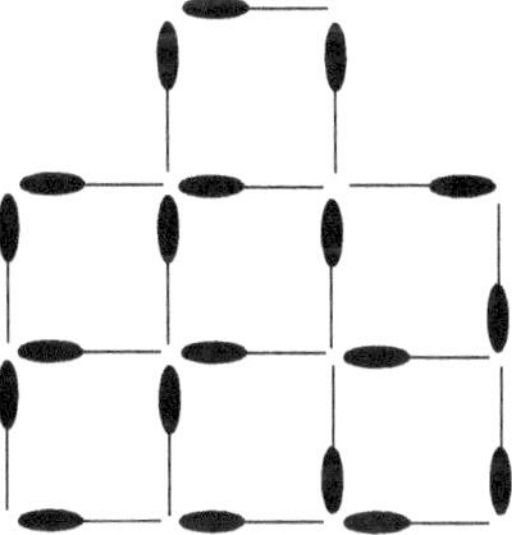

13. Con 12 cerillas podemos construir una cruz cuya área equivalga a la suma de las superficies de 5 cuadrados hechos también de cerillas.

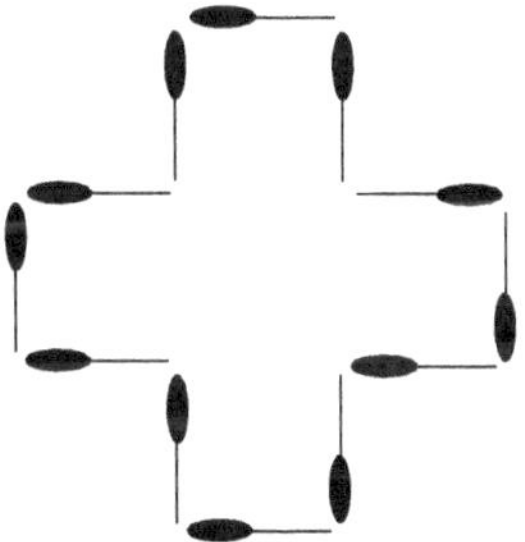

Cambie la disposición de las cerillas de tal modo que el contorno de la figura obtenida abarque sólo una superficie equivalente a 4 de esos cuadrados.

14. Con 8 cerillas pueden construirse numerosas figuras de contorno cerrado. Por ejemplo:

Sus superficies son diferentes.

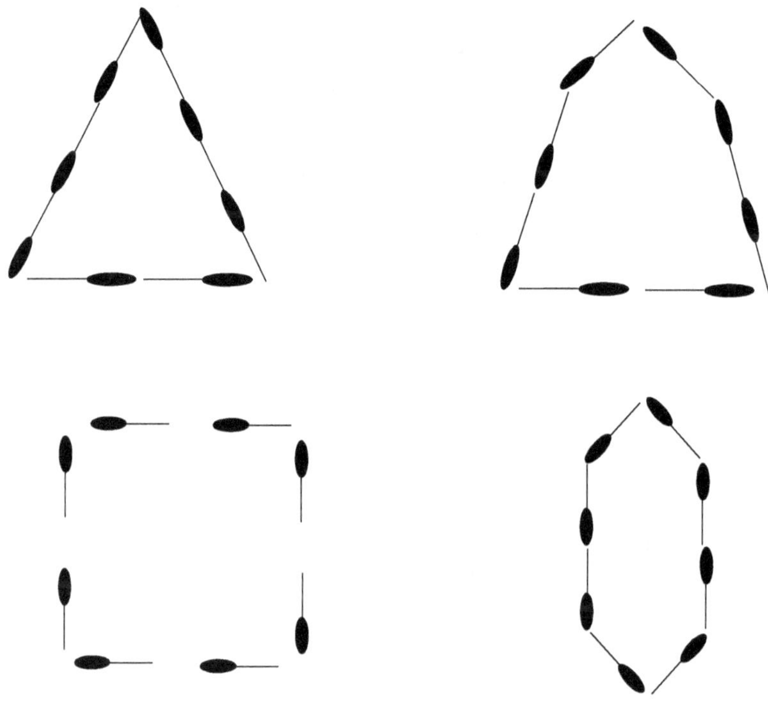

¿Cómo construir con 8 cerillas la figura de superficie máxima?

15. Tenemos tres montoncitos diferentes de cerillas. Hay en total 48 cerillas. No sabemos cuántas hay en cada grupo.

Si del primer montón pasó al segundo tantas cerillas como hay en éste, luego del segundo pasó al tercero tántas cerillas como hay en este tercero y por último, del tercero, pasó al primero tantas cerillas como existen ahora en este primero, resulta que habrá el mismo número de cerillas en cada montón. ¿Cuántas cerillas habría en cada montón al principio?

16. La figura nos muestra cómo un granjero pensaba construir 6 rectángulos iguales, al tratar de hacerlo descubre que una valla está rota. Con 12 cerillas, construir 6 figuras iguales en forma y área.

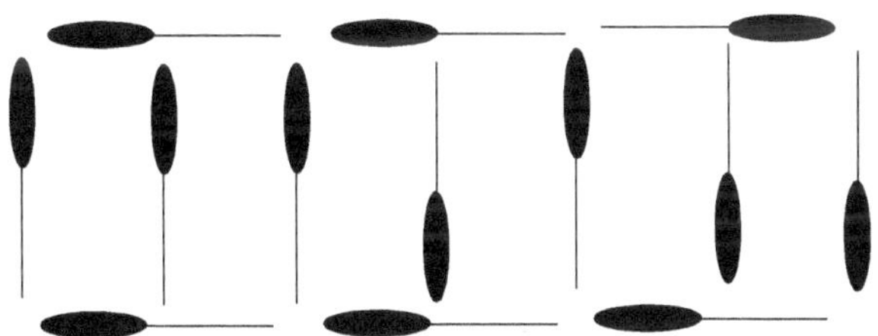

# Soluciones

1. El secreto está en pensar "tridimensionalmente" y construir un Tetraetro.

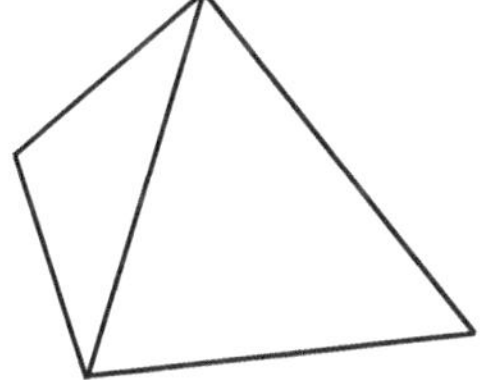

2.

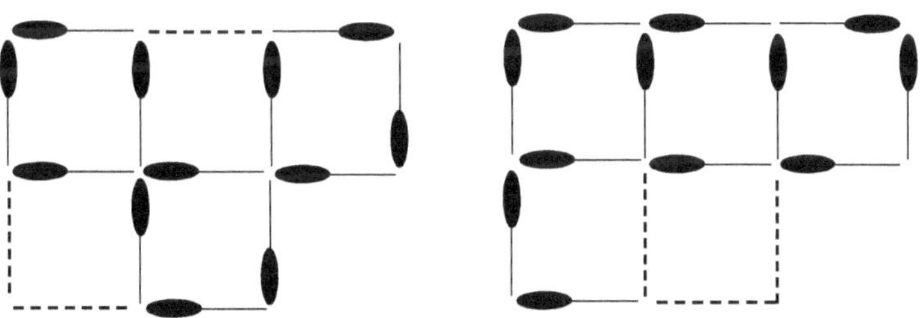

3.

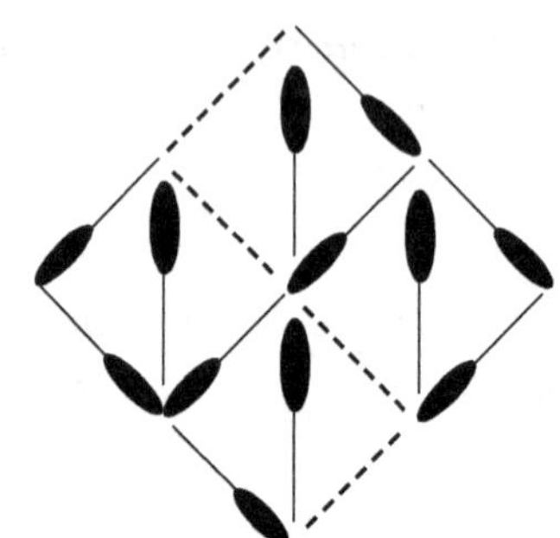

4.

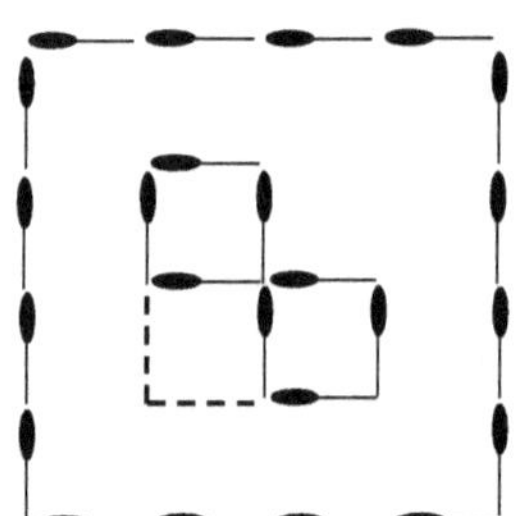 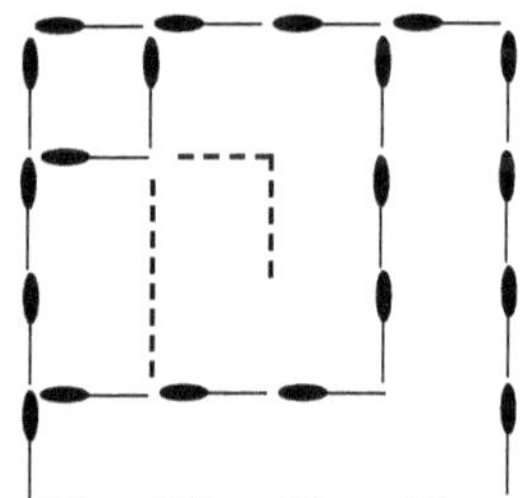

5.

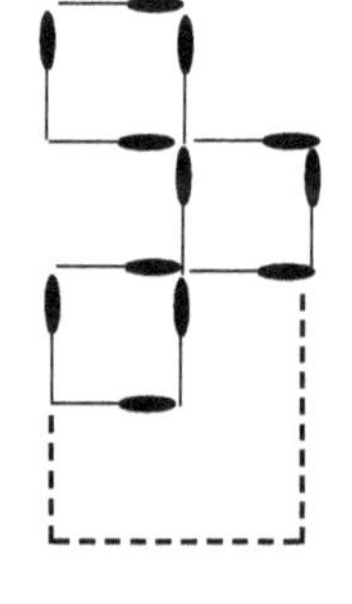

6.

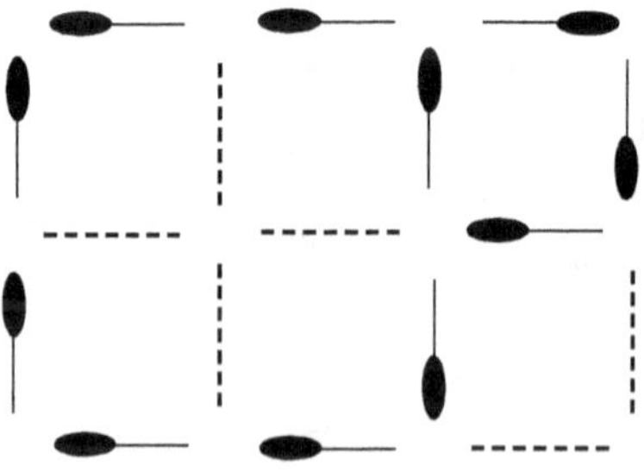

7.  a.

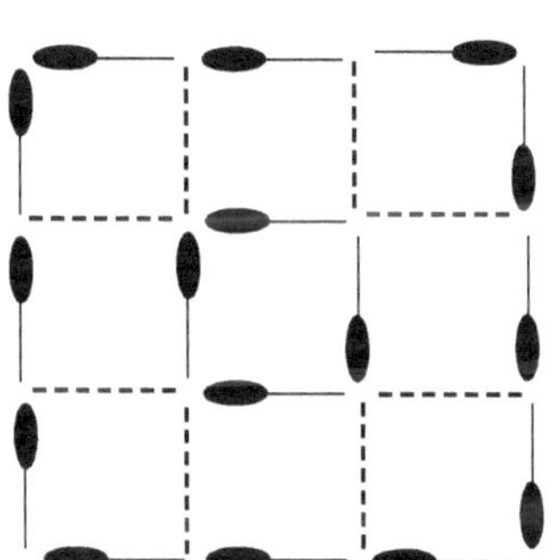

b.

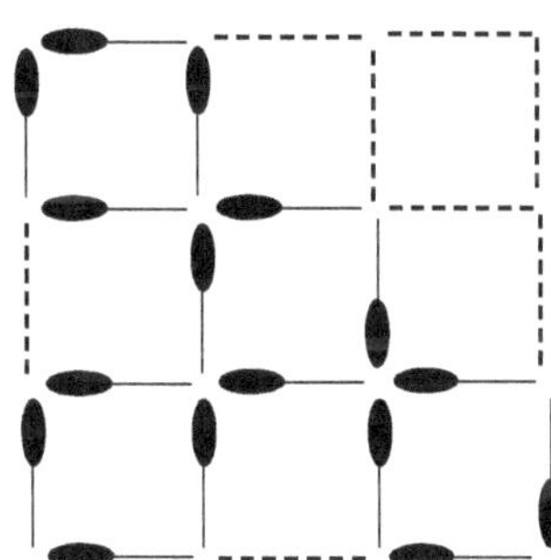

8.

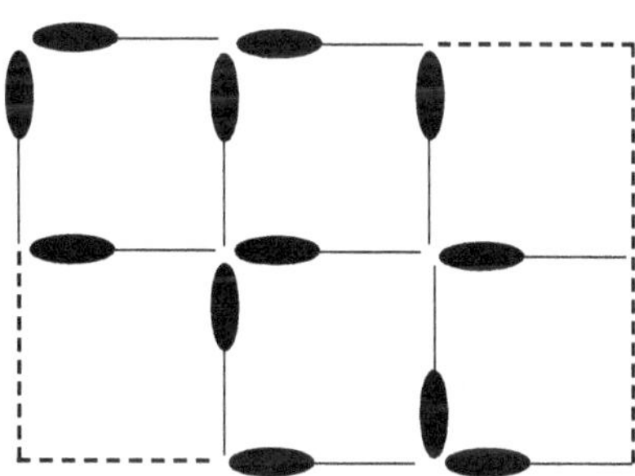

9.

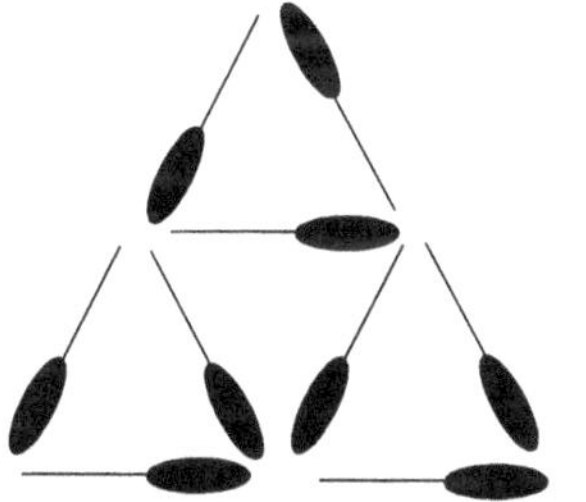

10.

11.

12.

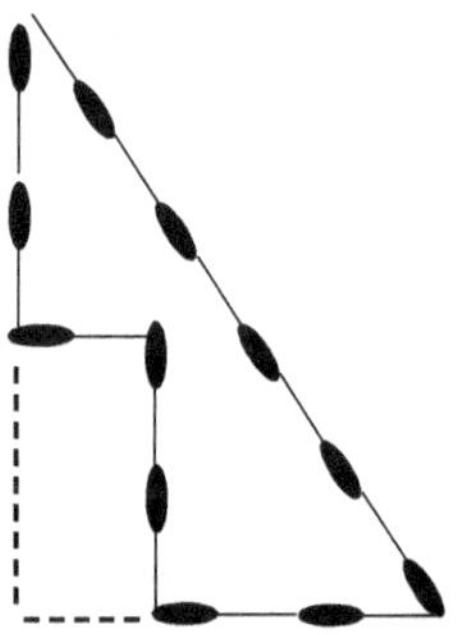

13. Las cerillas deben colocarse así:

La superficie de esta figura es igual al cuádruplo de la de un cuadrado hecho con 4 cerillas.

Aumentamos mentalmente nuestra figura hasta obtener un triángulo rectángulo de 3 cerillas de base y 4 de altura.

Su superficie será igual a $3 \times 4 / 2 = 6$ cuadrados de lado equivalente a un cerilla.

Nuestra figura tiene un área menor en dos cuadrados, que la del triángulo completo y, por lo tanto será igual a cuatro cuadrados, que es lo que buscamos.

14. Puede demostrarse que de todas las figuras con contornos de idéntico perímetro, la que tiene mayor área es el círculo. Lógicamente a base de cerillas no es posible construir un círculo, sin embargo con 8 cerillas puede componerse la figura más aproximada al círculo, un octágono regular, esto satisface las condiciones exigidas pues es la que posee la mayor superficie.

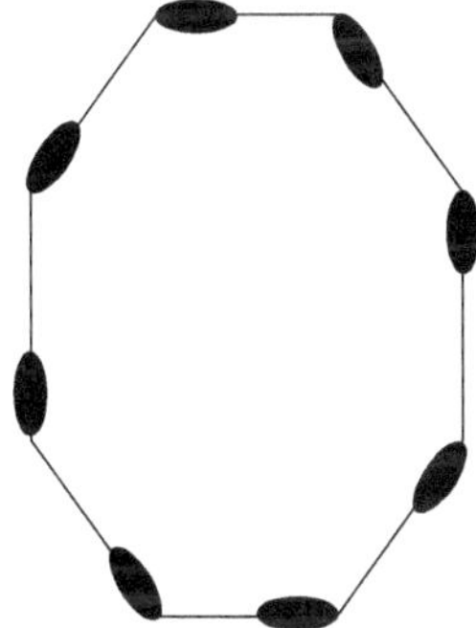

15. Comenzamos resolviendo el problema por el final.

Vamos a partir de que, hechas todas las mudanzas correspondientes, los montoncitos tienen un número igual de cerillas. Ya que en esos cambios, el número total de cerillas no ha cambiado, ha quedado invariable (48) al terminar todas las mudanzas resultó haber en cada montón 16 cerillas.

Así pues, al terminar tenemos:

| Montón I | Montón II | Montón III |
|:---:|:---:|:---:|
| 16 | 16 | 16 |

Antes de esto, al primer montón se habían añadido tantas cerillas como antes había en él; el número de cerillas de este montón se había duplicado.

Esto quiere decir, que antes de hacer el último cambio, en el primer montón no había 16 cerillas sino 8. En el tercero, del cual quitamos 8 cerillas antes de hacer esta operación había   $16 + 8 = 24$ cerillas.

Las cerillas están ahora distribuidos así:

| Montón I | Montón II | Montón III |
|----------|-----------|------------|
| 8 | 16 | 24 |

Sabemos que antes de esto, fueron pasados desde el 2º montón al 3º tantas cerillas como habían en éste es decir, que el número 24 es el doble de las cerillas existentes en el montón 3º antes de este cambio. De ahí deducimos la distribución de las cerillas después de la primera permuta.

| M I | M II | M III |
|-----|------|-------|
| 8 | $16 + 12 = 28$ | 12 |

Es fácil observar que antes de hacer el primer cambio (antes de pasar por el primer montón al segundo tantas cerillas como habían en este último, la distribución de las cerillas era la siguiente:

| I | II | III |
|---|----|----|
| 22 | 14 | 12 |

Este era el número de cerillas que habían al principio, en cada uno de los montones.

16.

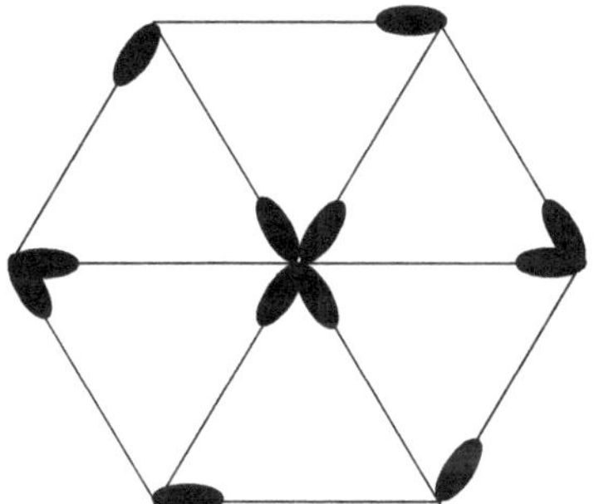

# Capítulo 4

# Construcción y partición de figuras

**1.**

uestra cómo se puede cortar la figura A en dos partes de manera que, al volver a reunirlas, se pueda formar cualquiera de las figuras B, C, D, E, F, G.

2.  ¿Cuántos triángulos hay en la figura?

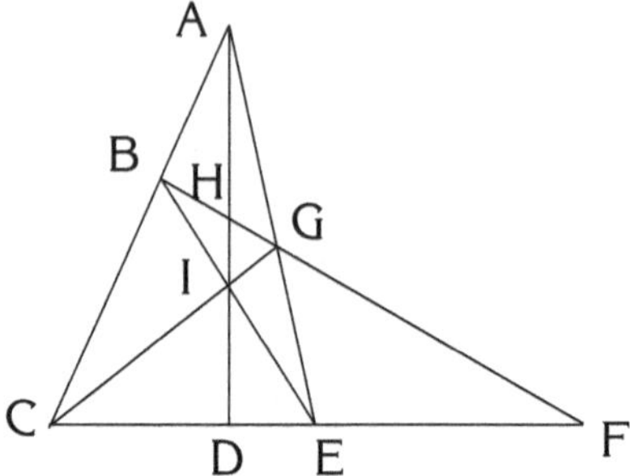

3.  Muestra cómo puede dividirse esta figura en 4 partes iguales

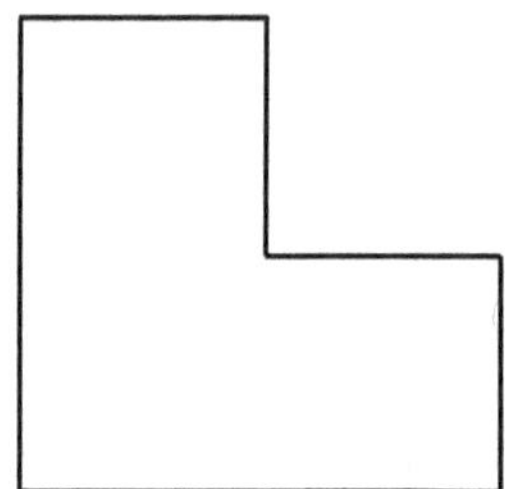

4.  Dibuja cuidadosamente sobre papel cuadriculado las 5 piezas de la figura, recórtala y trata de formar con ellas un cuadrado.

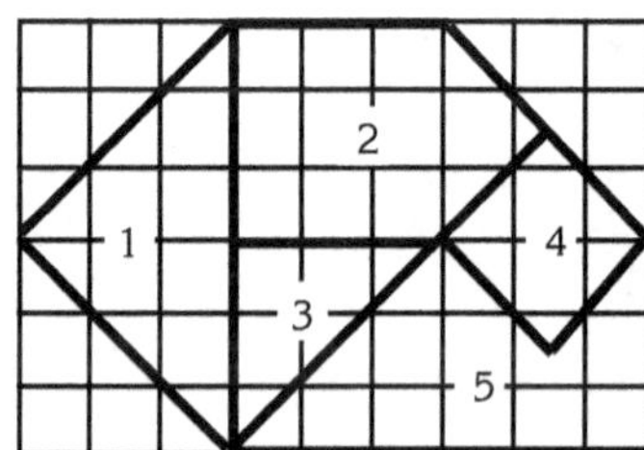

5. La gráfica representa un mapa de una red de carreteras, un ingeniero de caminos planea recorrer cada carretera una sóla vez partiendo de A y regresando otra vez a A. ¿Cómo lo podrá hacer?

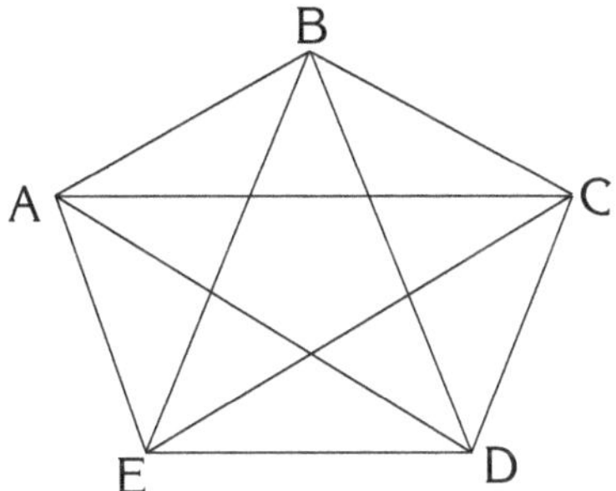

6. En la siguiente figura, ésta no puede dibujarse con un lápiz sin levantarlo del papel y comenzar por otro punto, salvo que recorramos algunos de los trazos dos veces.

   Calcula el mínimo número de veces que es necesario levantar el lápiz del papel para dibujar la figura.

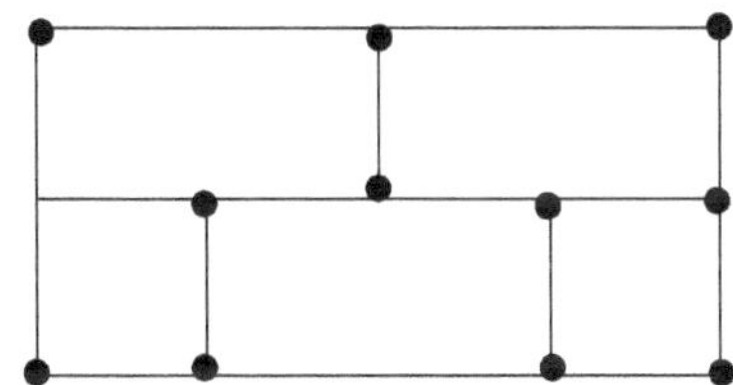

7. En un cuadrado 8 x 8, recorta las piezas que indica la figura de la izquierda y reordénalas formando el rectángulo 13 x 5 de la derecha.

Esta construcción demuestra que 64 = 65. ¿Cómo se explica?

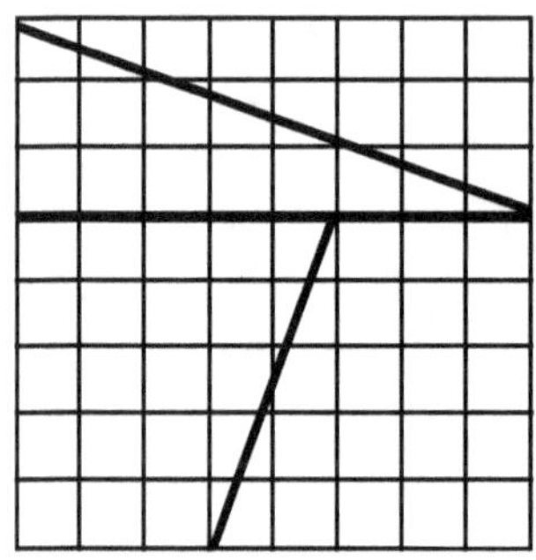 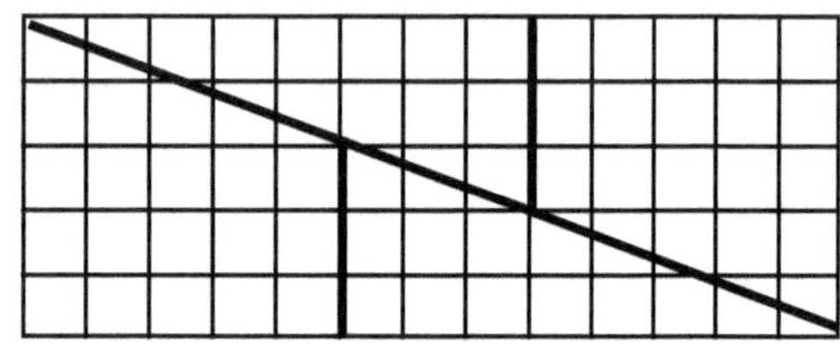

8.  Para este juego es necesario un cuadrado de 7 x 7 ó 9 x 9 puntos, el juego comienza en el centro S.

El primer jugador dibuja una flecha que va de S a uno de los puntos situados inmediatamente encima, debajo, a su derecha o a su izquierda.

El segundo jugador prolonga esta flecha un poco más en una de las 4 direcciones, formando un camino continuo.

El objeto del juego es construir un camino desde S hasta la casa de cada jugador (A para el primero y B para el segundo), sin pasar dos veces por el mismo punto. Ganará la partida el primer jugador que consiga alcanzar su casa (A para el primero y B para el segundo), sin pasar 2 veces por el mismo punto.

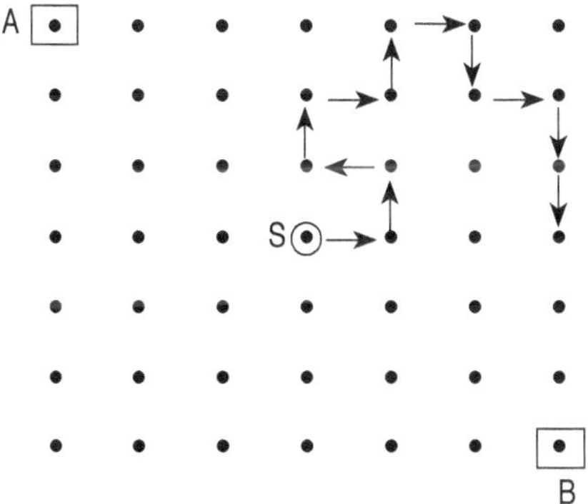

9. Divide cada una de las figuras X, Y en dos partes iguales. Inventa otras posibilidades.

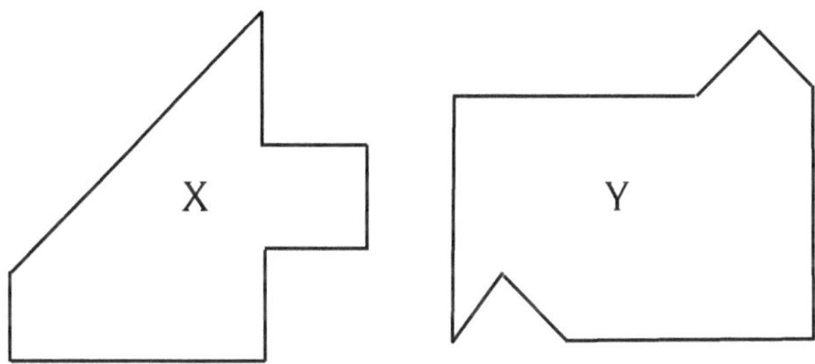

10. Construye en cartulina un triángulo equilátero ABC, y divídelo en cuatro partes tal como indica la figura.

   AP = BP; CQ = BQ; AR = 1/4 AC, CS = 1/4 CD

   PM y SN perpendiculares a RQ. Para AC la longitud puede ser de 8 ó 10 cms.

Recorta las 4 piezas y ordénalas para formar con ellas un cuadrado.

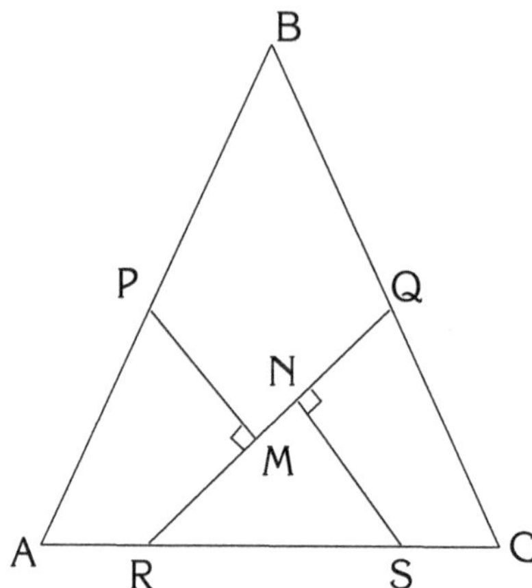

11. Muestra cómo dos rectas podrían dividir la sección sombreada en 3 trazos, de modo que con ellos, se pueda formar un cuadrado.

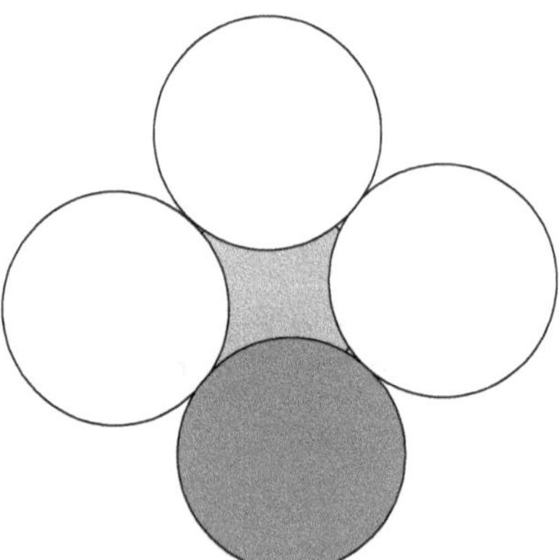

12. Traza cuatro rectas, sin levantar el lápiz del papel de manera que pase por los nueve puntos del cuadrado de la figura.

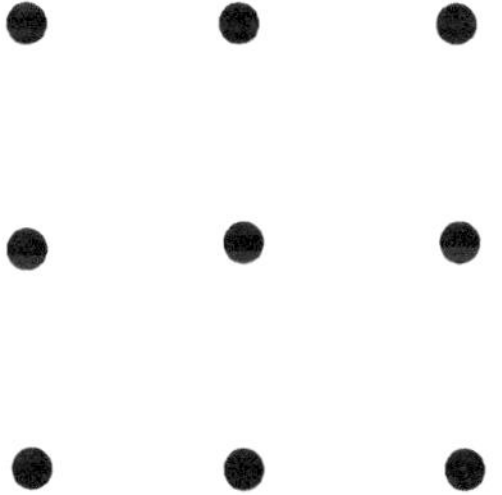

13. El tablero contiene las 5 vocales repetidas 5 veces. Corta el cuadrado 5 x 5 en cinco trazos de manera que en cada uno aparezcan las 5 vocales. Una vez resuelto, intenta construir otros rompecabezas parecidos.

| E | A | I | O | I |
|---|---|---|---|---|
| U | E | U | E | O |
| O | I | A | O | A |
| I | U | E | A | I |
| A | O | U | E | U |

14. Las figuras P y Q se pueden dividir cada una de ellas, en dos piezas idénticas. Las dos se han dibujado siguiendo el mismo principio, de modo que si encuentra la solución para una, la otra tampoco se te resistirá mucho.

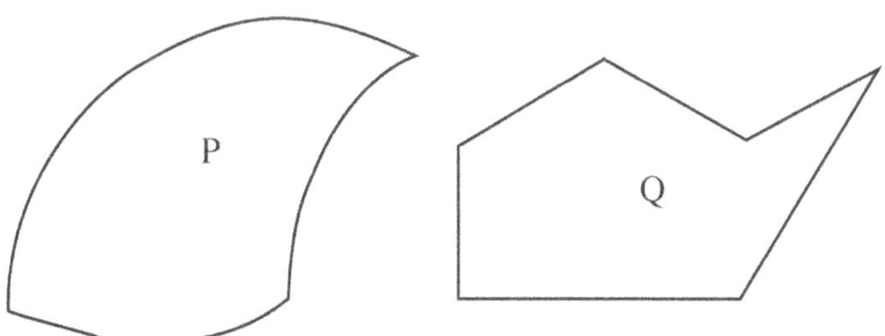

15. ¿Cuál es el mínimo de colores que se necesitan para pintar un cubo de manera que dos caras adyacentes tengan siempre distinto color?

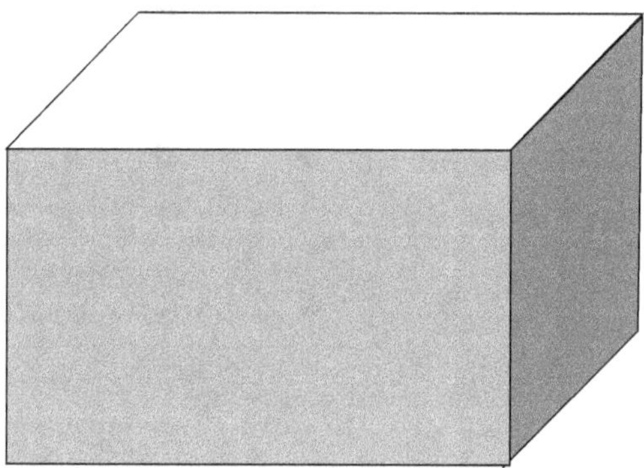

16. Recorta una cruz griega. Divídela con dos cortes rectilíneos, en cuatro trozos, de manera que con las cuatro piezas resultantes, se pueda formar un cuadrado.

17. Tenemos una hoja de papel de forma rectangular tal que si la doblamos por la mitad se forman dos rectángulos iguales y semejantes al primero. ¿Qué se puede decir de las longitudes de los lados de la hoja?

18. El cuadrado de la figura aparece dividido en 4 triángulos, de los que todos menos uno tienen sus 3 ángulos agudos.

¿Será posible dividir un cuadrado en triángulos de manera que todos ellos tengan sus 3 ángulos agudos?

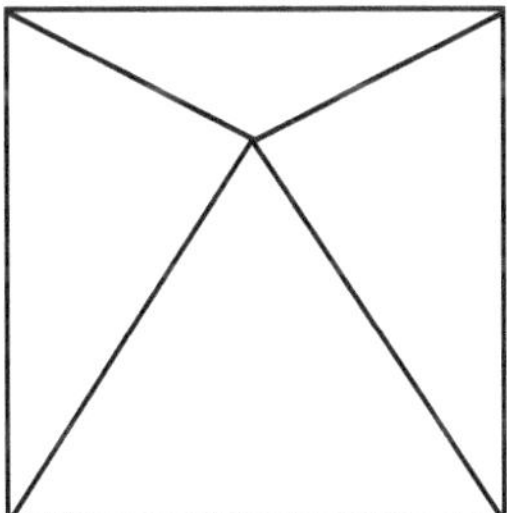

19. Haciendo dos cortes, dividir la figura en 6 partes iguales.

20. Con las partes del cuadrado armar un perro y una jirafa.

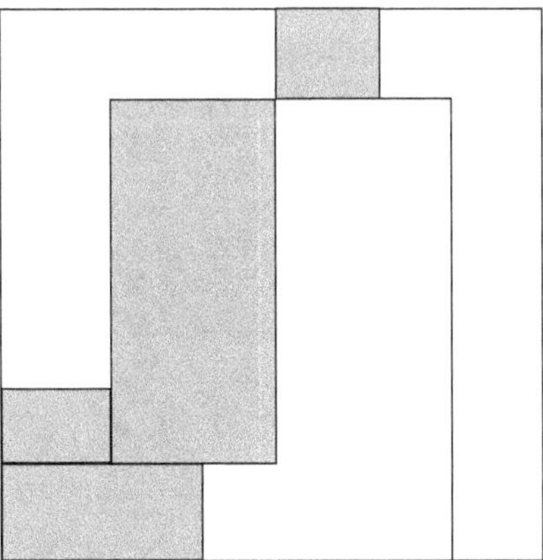

21. Con las siguientes figuras, armar un rectángulo.

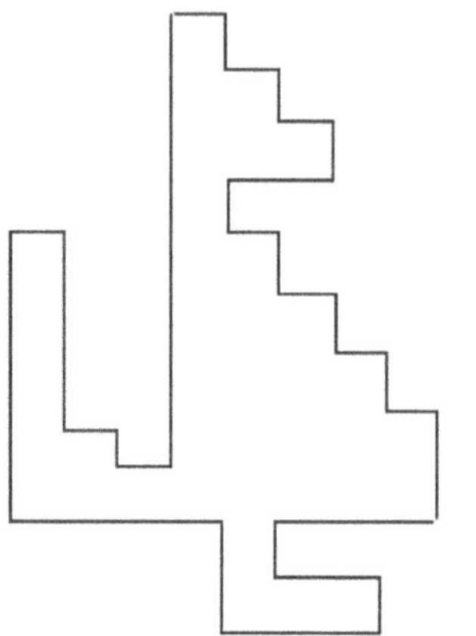 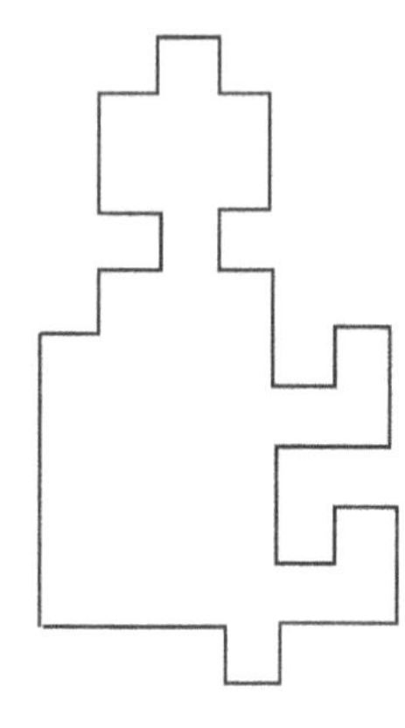

22. Une todos los puntos usando nueve líneas rectas.

```
•   •   •   •   •

•   •   •   •   •

•   •   •   •   •

•   •   •   •   •

•   •   •   •   •
```

23. Dividir las siguientes figuras en dos partes cuyas áreas sean iguales, utilizando el número de líneas indicado.

a)  — Utilizando 1 línea.
    — Utilizando 2 líneas.

b)  Utilizando dos líneas.

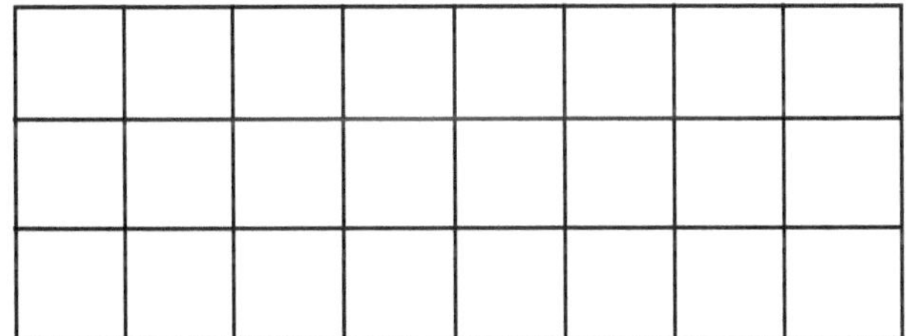

c)  Utilizando cinco líneas.

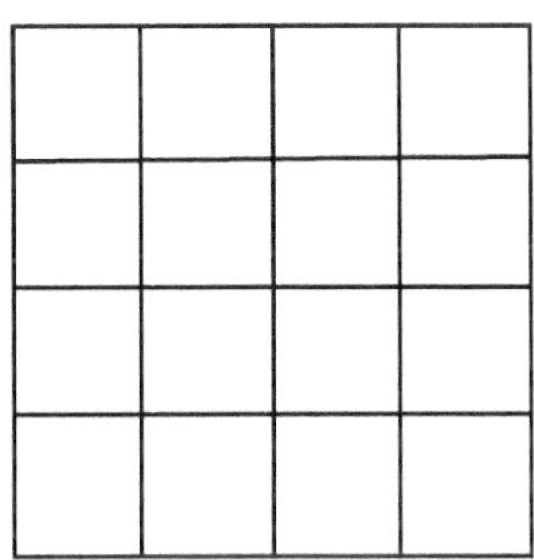

24. ¿Cómo deben colocarse estos triángulos para formar un polígono regular?

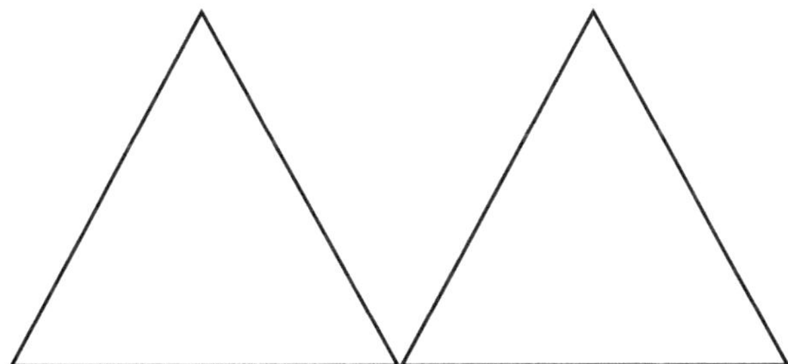

25. ¿Qué clase de triángulos se forman al trazarle las diagonales a un cuadrado?

26. Si conocemos el área de la zona rayada. ¿Cómo se puede calcular el área de la región punteada?

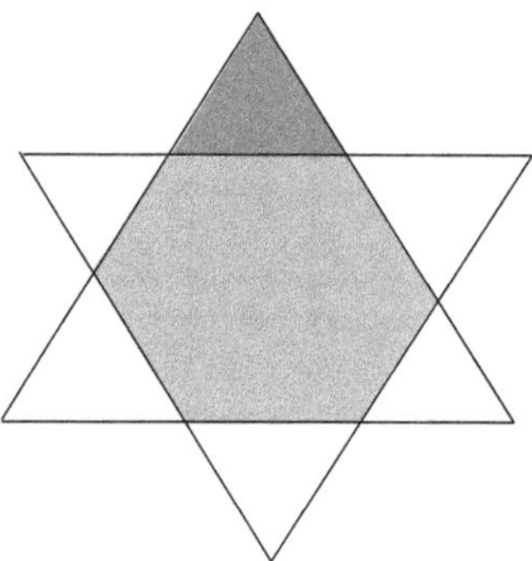

27. Con relación al área del cuadrado mayor, ¿qué proporción es el área sombreada?

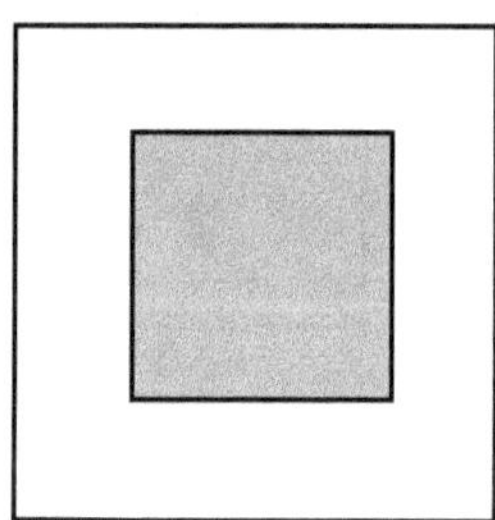

28. ¿A qué fracción del rectángulo equivale el área sombreada?

29. ¿Con cuántas figuras como la pequeña podemos conformar la mayor?

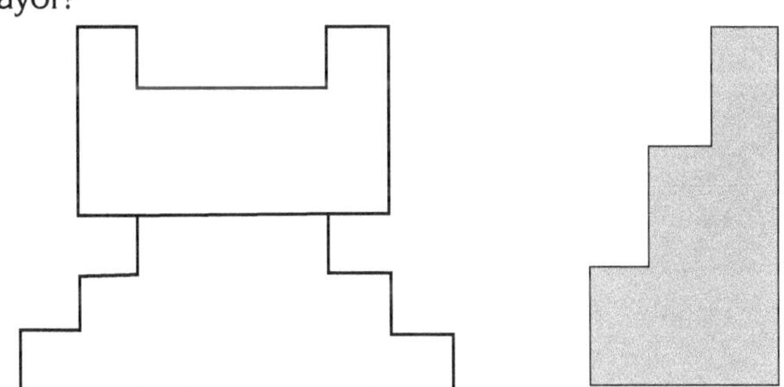

30. Recorrer las siguientes figuras mediante un sólo trazo de lápiz.

a)

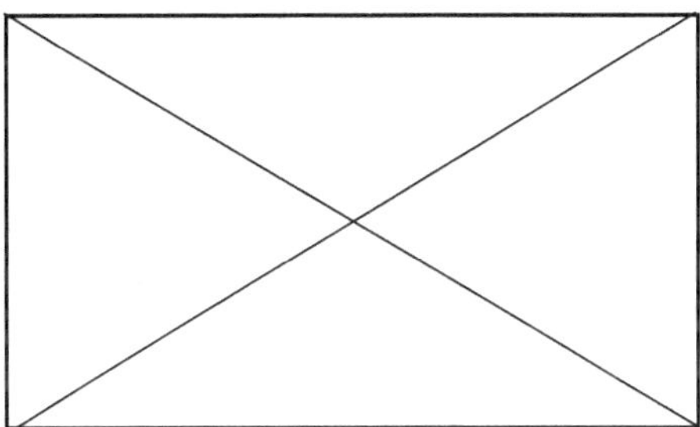

b)

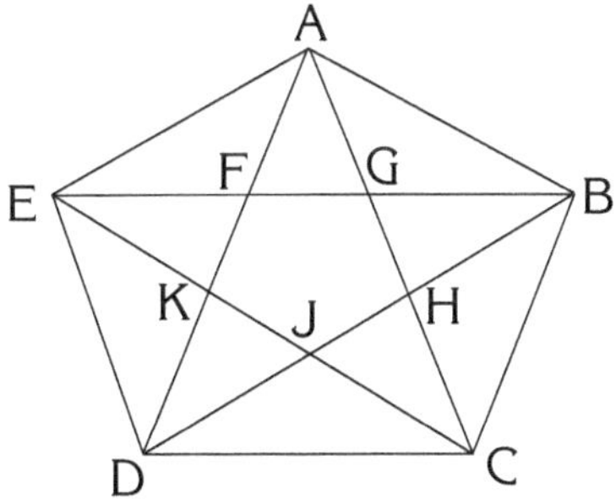

c)

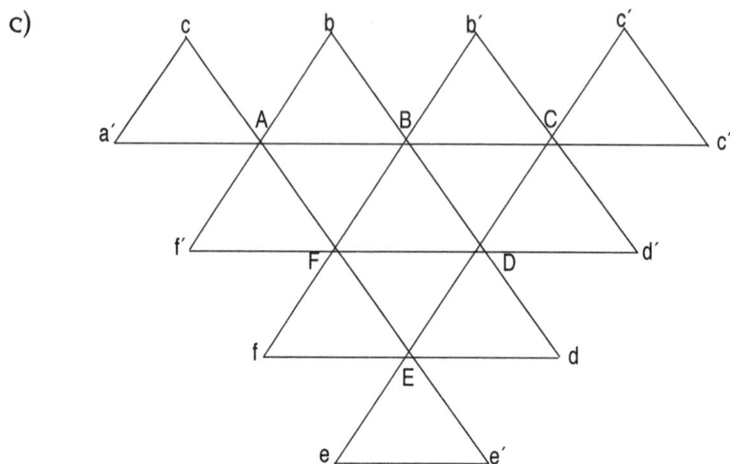

31. Dividir el reloj en 6 partes, con la condición que en cada parte la suma de los números sea la misma.

$$
\begin{array}{ccccc}
 & & 12 & & \\
 & 11 & & 1 & \\
10 & & & & 2 \\
9 & & & & 3 \\
8 & & & & 4 \\
 & 7 & & 5 & \\
 & & 6 & & \\
\end{array}
$$

32. Dividir el reloj con cifras romanas en cuatro partes cuyos numerales sumen 20.

$$
\begin{array}{ccccc}
 & & XII & & \\
 & XI & & I & \\
X & & & & II \\
IX & & & & III \\
VIII & & & & IV \\
 & VII & & V & \\
 & & VI & & \\
\end{array}
$$

# Soluciones

1. Este es un problema fácil, cada una de las dos piezas es equivalente a un cuadrado y a la mitad de dicho cuadrado. Es sorprendente el número de figuras que se pueden formar con ellas.

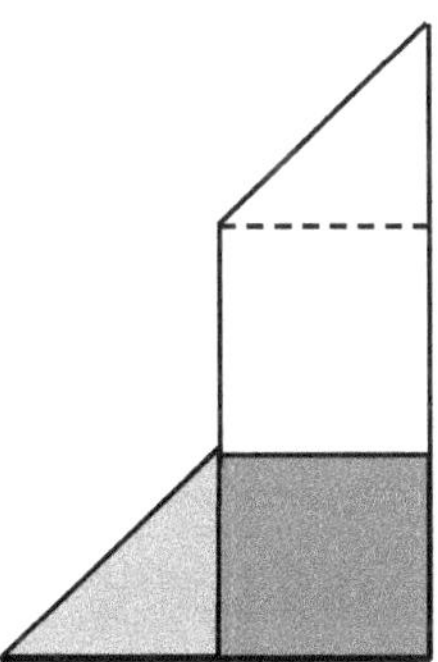

2. Seguramente le ayudaré a poner una letra mayúscula en cada punto de intersección, designar con estas letras el triángulo. Se puede comenzar contando todos los triángulos que tienen lado AB, después los de lado AC, etc.

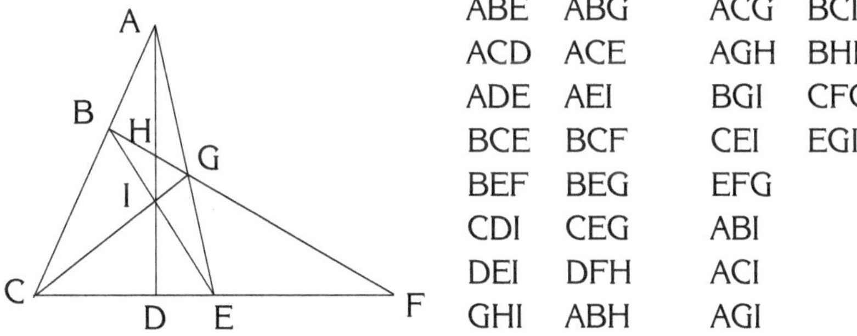

| ABE | ABG | ACG | BCI |
|-----|-----|-----|-----|
| ACD | ACE | AGH | BHI |
| ADE | AEI | BGI | CFG |
| BCE | BCF | CEI | EGI |
| BEF | BEG | EFG |     |
| CDI | CEG | ABI |     |
| DEI | DFH | ACI |     |
| GHI | ABH | AGI |     |

3. No sólo son iguales entre sí, sino que las 4 tienen la misma forma que la figura original.

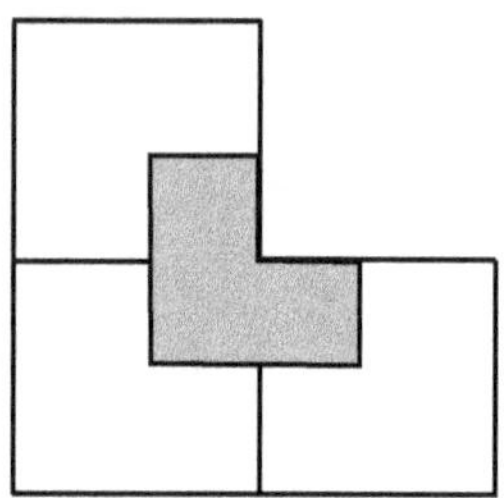

4. Muchos rompecabezas de este tipo están ya comercializados en formas muy variadas, sin embargo no te costará mucho hacer uno en cartulina.

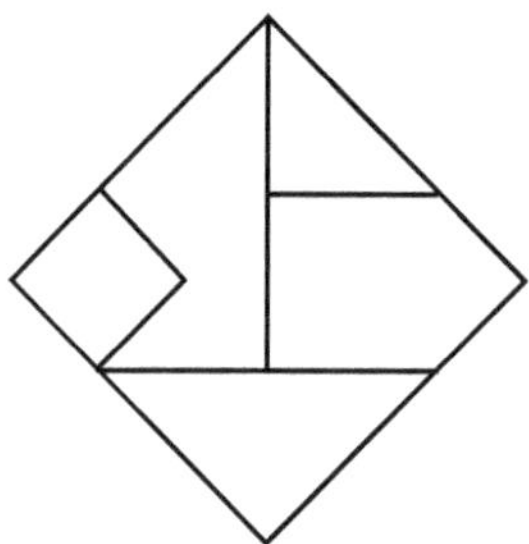

5. EL recorrido sería:

A ➡ C ➡ E ➡ B ➡ D ➡ A ➡ B ➡ C ➡ D ➡ E ➡ A

Hay muchas soluciones. Ej.

A ➡ B ➡ C ➡ D ➡ A ➡ C ➡ E ➡ B ➡ D ➡ E ➡ A

6. Se enumeran los vértices, teniendo en cuenta:
   1. Todos sus vértices sean pares.
   2. Todos sus vértices sean pares excepto dos que son impares el punto de partida y el de llegada.

7. Este pasatiempo constituye una de las paradojas más antiguas. El truco está en que la aparente diagonal del rectángulo 13x5, es en realidad un paralelogramo muy estrecho de área.

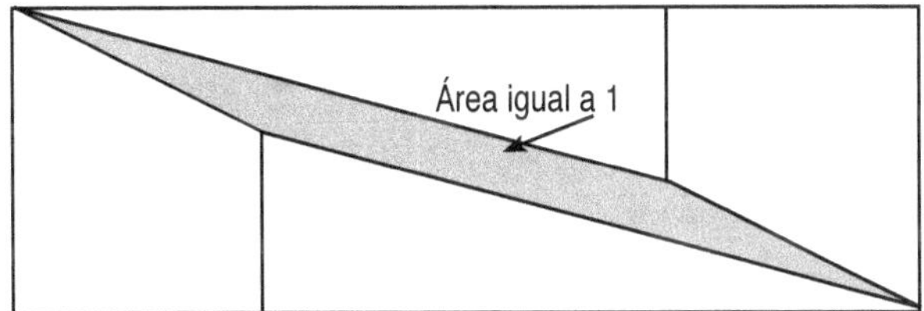


8. Existen varias soluciones. Busca otras.

9. Es bastante sencillo.

10. Una manera clara de ver cómo se pueden reordenar las piezas para formar el cuadrado, es imaginarlas articuladas en P, Q y R, e ir girándolas hasta cerrar completamente el cuadrado.

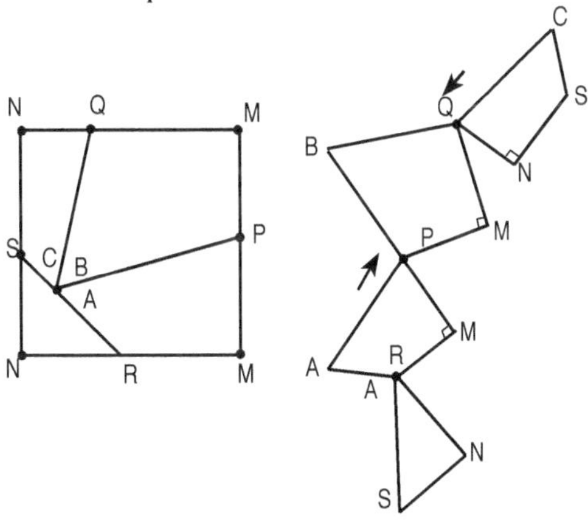

11.

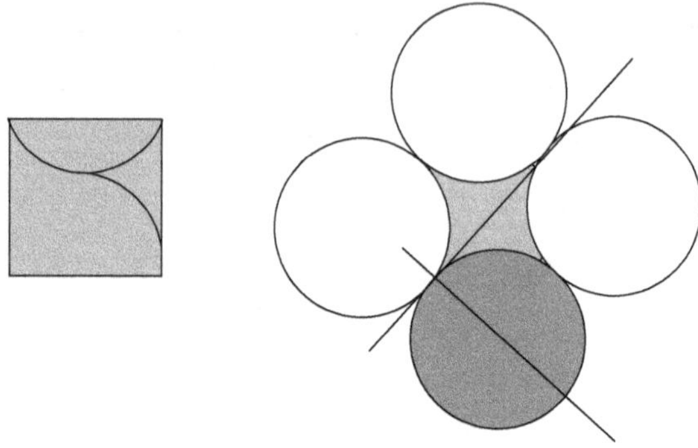

12.

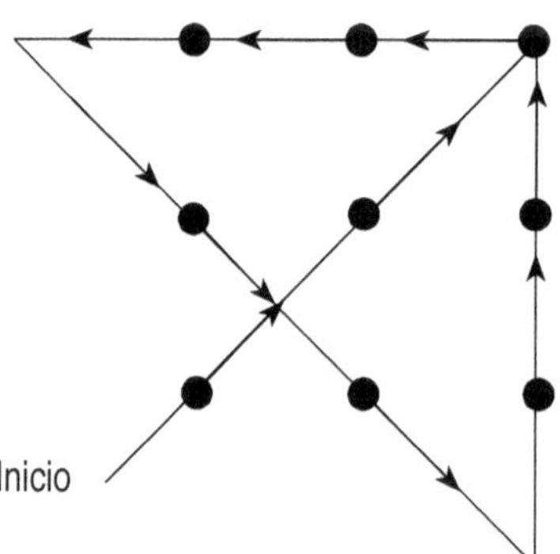


13. Para construir tu propio rompecabezas, lo mas fácil es partir del cuadro vacío, dividirlo en 5 cuadros cada uno; por último, colocar las letras u otro motivo análogos en cada trazo.

| E | A | I | O | I |
|---|---|---|---|---|
| U | E | U | E | O |
| O | I | A | O | A |
| I | U | E | A | I |
| A | O | U | E | U |

14.

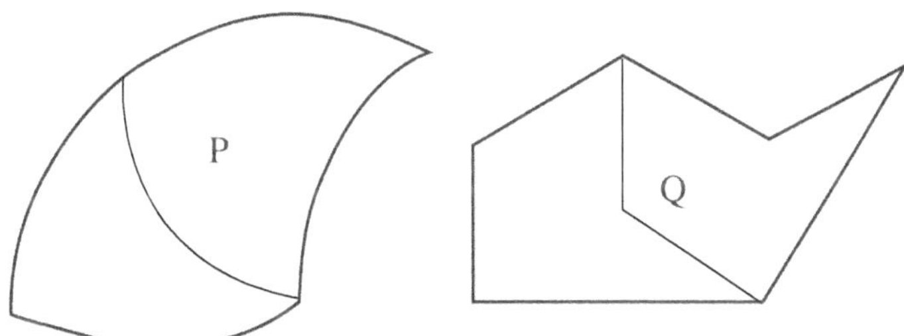



15. El mínimo número de colores es 3, ya que las 3 caras que concurren en un vértice son dos a dos adyacentes y deben ir pintadas de distintos colores pero las 3 parejas de caras opuestas pueden ir del mismo color cada una.

16.

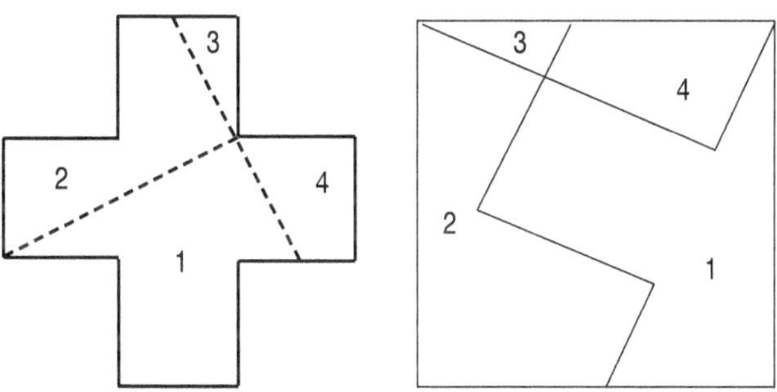



17. Las longitudes han de estar en la razón de $\sqrt{2}$ a 1.

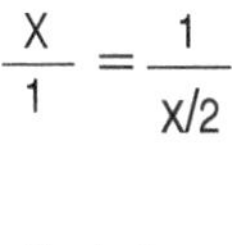

$$\frac{X}{1} = \frac{1}{X/2}$$

Es decir
$X^2 = 2$
De donde
$X = \sqrt{2}$

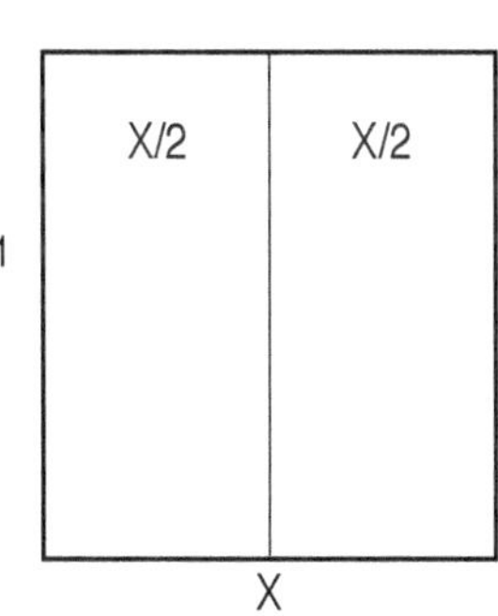

18.

19.

20.

21.

22.

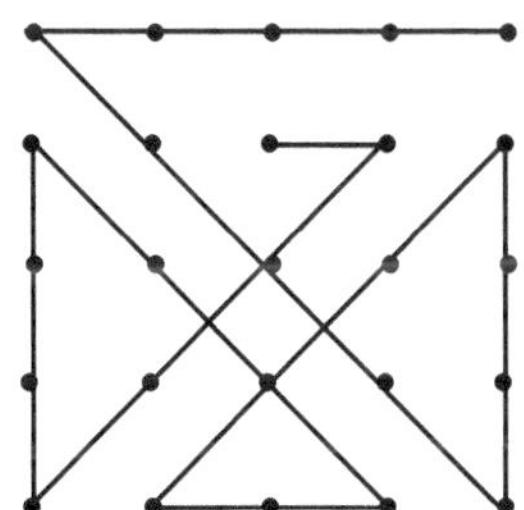

23. a)  Existen varias soluciones. Encuentra otras.

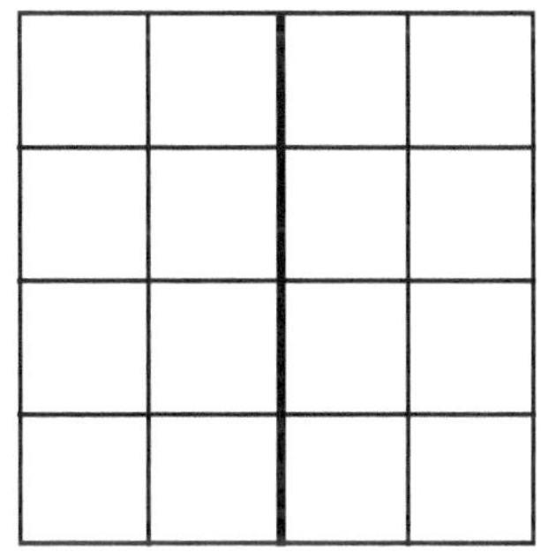

b)

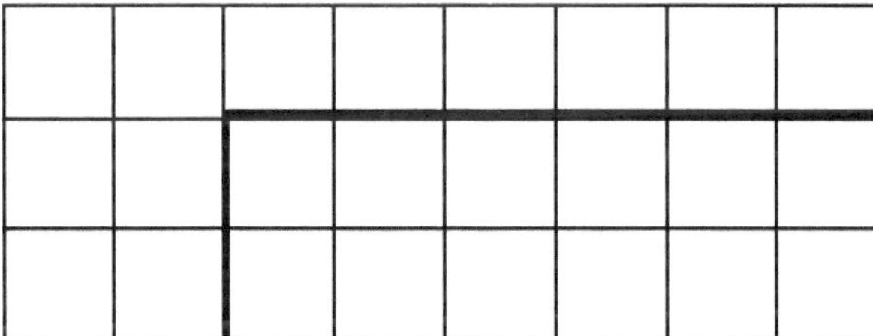

c)

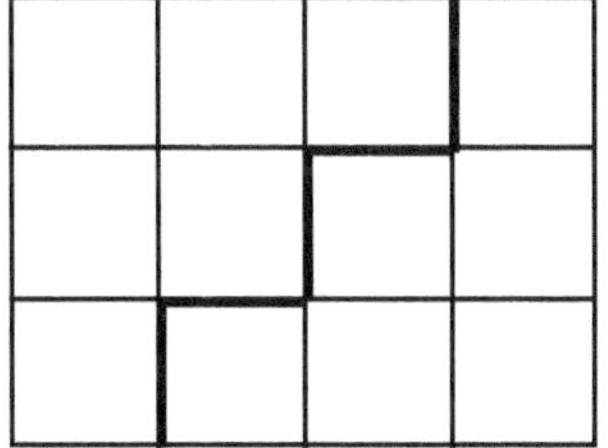

24.

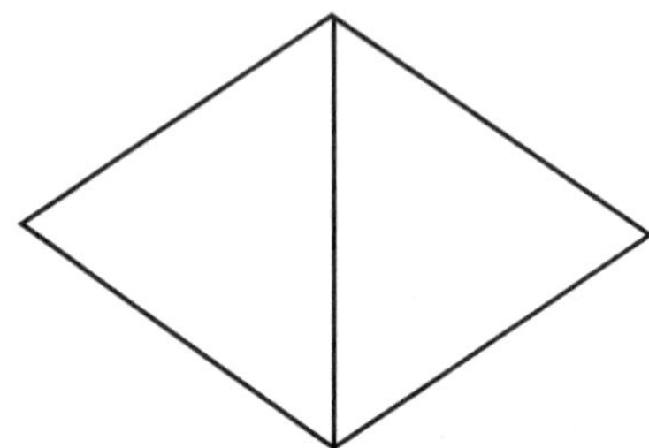

25. Se forman triángulos isóceles. Haz el gráfico.

26. Seis veces el área oscura.

27. 1/3 parte.

28. 1/12 parte.

29. Con cuatro figuras.

30. a)  La figura no puede ser recorrida mediante un sólo trazo de lápiz, puesto que tiene 5 vértices, cuatro de los cuales son los puntos terminales de 3 arcos; en otras palabras, de un orden impar y, por lo tanto se necesitan dos rutas.

b)  El pentágono (que parece más complicado en apariencia), puede ser recorrido con un solo viaje. Partiendo del punto A, el recorrido se hacía pasando sucesivamente por los puntos.

A B C D E F G B H J D K F A G H C J K E A.

c)  El recorrido se reduce a:

A B C c c' C D E e e' E F A a a' A b B D d E f F B b'
C d' D F f' A

31.

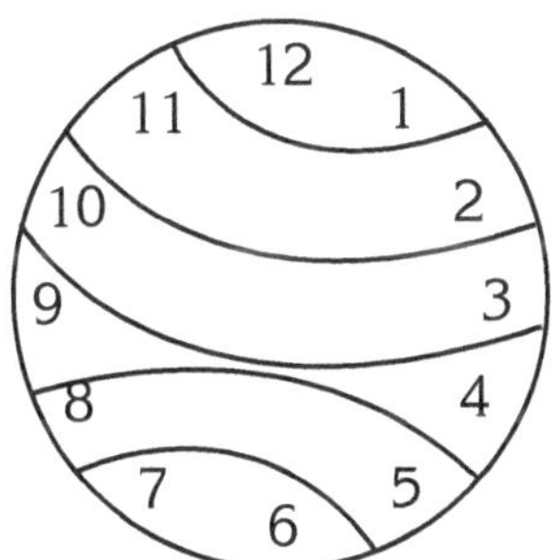

32.

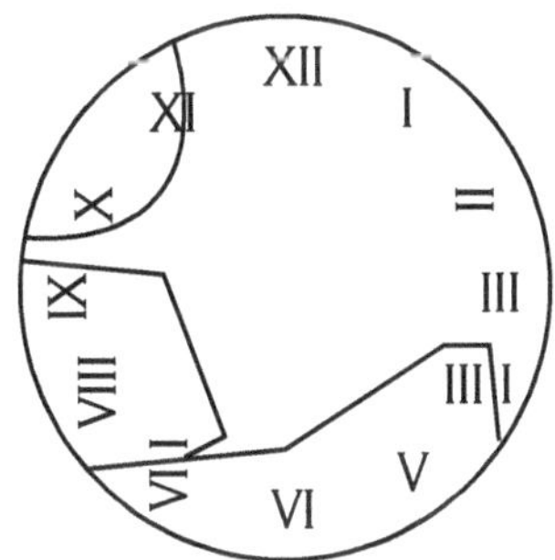

# Capítulo 5

# Operaciones misteriosas

1.

l número 24 tiene la propiedad de que es "casi" un cuadrado perfecto, y de que su doble también es "casi" un cuadrado.

$$24 + 1 = 25 = 5^2$$
$$(24 \times 2) + 1 = 49 = 7^2$$

¿Cuál es el siguiente número con esta misma propiedad?

2. Hay muchos números que tienen una curiosa distribución de sus cifras, y cuya formación vale la pena investigar.

Elige un dígito cualquiera, por ejemplo el 5. Multiplica 5 por 9 y con el resultado 45, haz la siguiente multiplicación.

$$1\,2\,3\,4\,5\,6\,7\,8\,9 \times 45 = 5\,5\,5\,5\,5\,5\,5\,5$$

Probemos con otro dígito, 3 lo multiplicamos por 9.

3 x 9 = 27, a continuación multiplica.

1 2 3 4 5 6 7 8 9 x 27 = 3 3 3 3 3 3 3 3 3

¿Podrías explicar por qué se obtiene ese resultado? Toma otros dígitos y sigue el mismo procedimiento.

3.  Elige un dígito, ejemplo el 2. Multiplica 2 por 7, y con el resultado 14, efectúa el producto.

15873 x 14 =

Investiga lo que pasa con otros dígitos y da una explicación de los resultados obtenidos.

4.  Haz las operaciones siguientes y explica el modelo.

143 x 2 x 7 =
143 x 3 x 7 =
143 x 4 x 7 =
143 x 5 x 7 =
143 x 6 x 7 =
143 x 7 x 7 =
143 x 8 x 7 =
143 x 9 x 7 =

5.  ¿Podrías explicar la forma de los números que se obtienen haciendo estas operaciones?

a)  (0 x 9) + 1 = 1  
    (l x 9) + 2 = 11  
    (12 x 9) + 3 = 111  
    (123 x 9) + 4 = 1111  
    (1234 x 9) + 5 =  
y así sucesivamente.

b)  6 x 7 =  
    66 x 67 =  
    666 x 667 =  
    6666 x 6667 =  
    66666 x 66667 =

6. Elige 4 dígitos cualesquiera, por ejemplo, 3, 6, 2 y 8 y escribe con ellos el número de 4 cifras más grande y el más pequeño posibles, en nuestro caso: 8.632 y 2.368; resta el menor del mayor y con los 4 dígitos de la diferencia repite el proceso anterior una y otra vez así:

| 8632 | 6642 | 7641 |
|---|---|---|
| —2368 | —2466 | —1467 |
| 6264 | 4176 | 6174 |

En el ejemplo, los dígitos 1, 4, 6, 7, aparecen en el resultado en la segunda etapa, y a partir de la tercera, no aparece ningún otro número nuevo.

Investiga lo que ocurre partiendo de distintos conjuntos de 4 dígitos, y continúa el proceso haciendo las restas indicadas hasta que ya no salga ningún número nuevo. ¿Qué se puede observar?

¿Cuál es la cadena de restas más larga que puedes encontrar hasta que no aparece ningún número nuevo?

7. Toma 6 dígitos como 5, 3, 9, 7, 4 y 2, forma con ellos otros números de 3 dígitos sin usar dos veces el mismo dígito, por ejemplo, 324 y 579.

Ahora suma y multiplica estos dos números.

$$324 + 579 = 903$$
$$324 \times 579 = 187596$$

El objetivo es obtener una suma y un producto tan grande como sea posible.

¿Puedes inventarte una estrategia que te dé siempre los resultados máximos a la primera?

Este problema admite diversas variantes, como puede ser la de formar 3 números de dos dígitos y tratar de que su suma y producto sean lo más grande posible, o bien a partir de 7 dígitos, formar 2 números, uno de 3 dígitos y el otro de 4.

8. El resultado de dividir dos números de dos cifras en una calculadora ha sido:

   0.4482758

   ¿Cuáles eran los números?

9. Toma un número cualquiera de 3 cifras, por ejemplo, 235. Escribe el que resulte de invertir el orden de sus cifras, 532, resta el menor del mayor.

$$\begin{array}{r} 532 \\ -235 \\ \hline 297 \end{array}$$

Al número obtenido, súmale el que resulta de invertir el orden de
sus cifras.

```
  297
+ 792
 1089
```

Cuando lo hayas repetido varias veces con distintos números podrás
predecir, sin dificultad, el resultado y sorprender a tus amigos.

10. Coloca entre las nueve cifras siguientes, signos de las 4 operaciones
    aritméticas en los lugares adecuados (no necesariamente en todos),
    para que esta expresión sea una igualdad.
    1 2 3 4 5 6 7 8 9 = 100

    Existen varias soluciones.

11.  a.  56.406 es el producto de dos números consecutivos.
         ¿Cuáles?

     b.  357.627 es el producto de tres números impares, conse-
         cutivos.

     c.  1405 es la suma de dos cuadrados perfectos consecutivos.
         ¿Cuáles son estos cuadrados?

     d.  Un cubo tiene un volumen de 200 cm$^3$. Calcula la longitud
         de su arista con toda la exactitud posible.

12. Números capicúas: son números muy especiales que se leen
    igual de derecha a izquierda que de izquierda a derecha, como el
    25.452.

Si descontamos los números de una sola cifra, ¿cuál es el menor número primo capicúa y cuál es el mínimo cuadrado perfecto capicúa?

¿Cuántos cuadrados perfectos capicúas hay menores que 1.000?

Existen 5 primos capicúas entre 100 y 200. ¿Cuáles son? ¿Por qué no hay ningún número primo capicúa entre 400 y 700?

Demuestra que todos los números capicúas entre 1000 y 2000 tienen un factor común.

13. Algunas parejas de números, tienen la interesante propiedad de que la suma de los divisores de cada uno de ellos (excluído él mismo), da como resultado el otro. Esta relación recíproca tan curiosa ha llamado la atención de muchos matemáticos, que les dieron el nombre de números amigos.

La pareja de números más pequeños con esta propiedad es la formada por 220 y 284. En efecto:

$$220 : 1 + 2 + 4 + 5 + 10 + 11 + 20 + 22 + 44 + 55 + 110 = 284$$

$$284 : 1 + 2 + 4 + 71 + 142 = 220.$$

*Euler* mostró al público en 1750 una lista de 60. Calcula los divisores de las siguientes parejas de números y comprueba que cumplen las condiciones para ser amigos:

| | | |
|---|---|---|
| — 2.620 | | 2.924 |
| — 6.232 | | 6.368 |
| —17.296 | | 18.416 |
| — 1.184 | y | 1.210 |

14. $3^2 - 2^2 =$       $9 - 4 = 5 =$       $3 + 2$

    $4^2 - 3^2 =$       $16 - 9 = 7 =$       $4 + 3$

    $5^2 - 4^2 =$       $25 - 16 = 9 =$       $5 + 4$

Explica el modelo y demuestra que siempre se cumple.

15. $3^2 = 9$       $2 \times 4 = 8$

    $4^2 = 16$       $3 \times 5 = 15$

    $5^2 = 25$       $4 \times 6 = 24$

Generaliza el esquema.

16. Completa la siguiente tabla y prolóngala 2 líneas más.

$$1 =$$
$$3 + 5 =$$
$$7 + 9 + 11 =$$
$$13 + 15 + 17 + 19 =$$

¿Podrías descubrir el esquema que siguen estas sumas?

17. Completa la tabla siguiente y trata de sacar una ley general de lo que observas.

$$1 = \qquad\qquad 1 =$$
$$1 + 2 = \qquad\qquad 1^3 + 2^3 =$$
$$1 + 2 + 3 = \qquad\qquad 1^2 + 2^3 + 3^3 =$$
$$1 + 2 + 3 + 4 = \qquad 1^3 + 2^3 + 3^3 + 4^3 =$$

18. Al multiplicar los números 159 y 48, se obtiene 7632 observamos que en la igualdad:

159 x 48 = 7632  aparecen las cifras 1, 2, 3, 4, 5, 6, 7, 8, 9 una y sólo una vez.

Existen otras parejas de números que al multiplicarlos aparecen en el resultado todos los dígitos una y sólo una vez. ¿Puedes encontrar algunos?

Los dígitos aparecen una y sólo una vez a cada lado del signo igual. ¿Podrías encontrar otros productos con esta propiedad?

19. ¿Puedes expresar el número 1.000 utilizando 8 cifras iguales? Además de las cifras, se permite utilizar también los signos de las operaciones.

20. Es fácil expresar el número 24 por medio de tres ochos 8+8+8. ¿Podrá hacerse ésto mismo utilizando no el 8 sino otras 3 cifras iguales? El problema tiene más de una solución.

21. El número 30 es fácil expresarlo con 3 cincos: 5 x 5 + 5. Es más difícil hacer esto mismo con otras tres cifras iguales. Pruébelo.

22. En la siguiente multiplicación, más de la mitad de las cifras están sustituidas por asteriscos. ¿Podrías reponer las cifras que faltan?

23. ¿Qué número hemos dividido? Reponer las cifras que faltan.

```
  * 2 * 5 * | 325
 -* * *     |‾‾‾‾‾
            | 1 * *
  * 0 * *
 -* 9 * *
  * 5 *
 -* 5 *
```

24. Fíjate en esta multiplicación de dos números:

    48 x 159 = 7632

    El caso es especial pues participan 9 cifras significativas. ¿Podrías
    encontrar otros ejemplos análogos?

25. Observa la siguiente serie. ¿Cómo se obtiene? Halla otras 4 líneas.

$$1 = 1$$
$$2 = 1 + 1$$
$$4 = (1 + 2) + 1$$
$$8 = (1 + 2 + 4) + 1$$
$$16 = (1 + 2 + 4 + 8) + 1$$
$$32 = (1 + 2 + 4 + 8 + 16) + 1$$

26. Para calculistas ultrarrápidos:

    Pida que le den un número de tres dígitos, supongamos el 567,
    escríbalo dos veces en el tablero o en una hoja de papel.

    Pida otro número de 3 dígitos, escríbalo debajo del 567 de la izquier-
    da. Ahora necesita usted colocar a la derecha un número referente
    de 3 dígitos para emplearlo como multiplicador.

    Debe ser el "complemento a 9" es decir los dígitos correspondientes
    de los dos multiplicadores deben sumar 9.

    Supongamos que el multiplicador de la izquierda es 382, el de la
    derecha debe ser 617.

567        567

382        617

Anuncie que va a efectuar mentalmente las dos multiplicaciones, sumar los dos resultados y luego duplicar la solución.

Obtenga la suma de los dos productos instantáneamente restando 1 del multiplicando y adjuntando luego el complemento a 9.

En nuestro caso, 567 — 1 = 566, el complemento a 9 de 566 es 433, de manera que la suma de los dos productos es 566.433.
Si se escribe este número podría parecer sospechoso que el resultado comenzase con los dos primeros dígitos del multiplicando, para ocultarlo se duplica el número.

27. En este truco para multiplicaciones ultrarrápidas se emplean ciertos números curiosos, inocentes en apariencia, pero que pueden ser multiplicados rápidamente por cualquier cifra de igual o menor longitud. Supongamos que el calculista pide un número de 9 dígitos y un aliado que tiene en el público le facilita el 142. 857. 143. Se solicita otro número de 9 dígitos que se obtiene esta vez legítimamente. El actor multiplica los 2 números mentalmente escribiendo lentamente el gigantesco producto de izquierda a derecha.

    ¿Puede explicar en qué consiste el truco?

28. En otra proeza impresionante de cálculo ultrarrápido. Pídale a alguien elevar al cubo cualquier número entre 1 y 100 y darle el resultado. Rápidamente se le podrá decir cuál es la raíz cúbica. Para este juego es necesario memorizar solamente los cubos del 1 al 10.

| | |
|---|---|
| 1 | 1 |
| 2 | 8 |
| 3 | 27 |
| 4 | 64 |
| 5 | 125 |
| 6 | 216 |
| 7 | 343 |
| 8 | 512 |
| 9 | 729 |
| 10 | 1000 |

El dígito final y la raíz cúbica se corresponden en todos los casos excepto para el 2, 3, 7 y 8.

Supongamos que el cubo elegido es 658.503. Deseche mentalmente los 3 últimos dígitos y considere los que queden a la izquierda. 658, esta otra cantidad está comprendida entre los cubos de 8 y 9, tome el más pequeño de los dos y anuncie este número como primer dígito de la respuesta. El último dígito de 658.

503 es 3, por lo tanto usted deducirá inmediatamente que el segundo dígito de la solución es 7. Anuncie el 7, la raíz cúbica es 87.

29. ¿Cuál es el menor número entero positivo que usted puede escribir con 2 cifras?

30. ¿Cómo expresar la unidad, empleando al mismo tiempo las diez primeras cifras?

31. Exprese el número 10 empleando cinco nueves. Indique mínimo dos procedimientos.

32. Exprese el 100, utilizando las 10 primeras cifras.

33. Exprese el número 100 de 4 modos distintos empleando 5 cifras iguales.

# Soluciones

1.  Este es un buen ejercicio para hacerlo con ayuda de una calculadora de bolsillo.

    Forma una tabla con los datos:

    $$n \quad n^2 \quad n^2 - 1 \qquad 1/2\,(n^2 - 1)$$

    Tendrás una solución cuando halles un número en la columna $n^2 - 1$ que aparezca también en la columna $1/2\,(n^2 - 1)$.

    La solución a nuestra pregunta es 840, ya que:

    $$840 + 1 = 841 = 29^2$$
    $$y\ (840 \times 2) + 1 = 1681 = 41^2$$

2.  Si el dígito es d la respuesta es  d d d   d d d    d d d, debido a que $12345679 = 111111111 : 9$

3.  Si el dígito es d, entonces la respuesta es ddd ddd. En este caso $15.873 = 111111 : 7$

4.  Como $143 \times 7 = 1001$, se tiene que $143 \times d \times 7 = 1001 \times d = d00d$.

5.  Posiblemente se pueden dar varias explicaciones lógicas para cada uno de estos casos.

a) $1234 = 1111 + 111 + 11 + 1 + 0$

$$(1111 \times 9) + 1 \quad = 10.000$$
$$(111 \times 9) + 1 \quad = \ 1.000$$
$$(11 \times 9) + 1 \quad = \quad 100$$
$$(1 \times 9) + 1 \quad = \quad 10$$
$$(0 \times 9) + 1 \quad = \quad 1$$

b) $66 \times 67 \quad = 2 \times 3 \times 11 \times 67$
$$= 22 \times 201$$
$$= 4422$$

$666 \times 67 \quad = 2 \times 3 \times 111 \times 67$
$$222 \times 2001$$
$$444\ 222$$

Así sucesivamente.

6. Lo sorprendente es que, no importa de cuáles cuatro dígitos hayas partido, el resultado final será 6.174. He aquí una cadena más larga.

| 7432 | 8550 | 9972 | 7731 |
|------|------|------|------|
| -2347 | - 558 | -2799 | -1377 |
| 5085 | 7992 | 7173 | 6354 |

| 6543 | 8730 | 8532 | 7641 |
|------|------|------|------|
| -3456 | - 378 | -2358 | -1467 |
| -3087 | 8352 | 6174 | 6174 |

Estudia qué ocurre con números de 5 ó más dígitos.

Con 4 dígitos, parece que se obtienen restas, 8 sucesivas.

7. Coloca los dígitos en orden decreciente:

9  7  5  4  3  2

Para obtener la suma máxima, sólo necesitas tomar los dos primeros dígitos como cifras de las centenas, los dos siguientes, como decenas y los dos últimos como unidades, resultan cuatro pares posibles.

| 943 | 943 | 952 | 942 |
|-----|-----|-----|-----|
| + 752 | + 752 | + 743 | + 753 |
| 1695 | 1695 | 1695 | 1695 |

Sin embargo, el producto máximo se obtiene tomando de los 4 pares anteriores, el que consta de los dos números mas próximos, es decir:

$942 \times 753 = 709326$

Una manera sencilla de entender el porqué, es imaginar que las distintas parejas de números son los lados de un rectángulo. Como la suma de todas las parejas es la misma, todos estos rectángulos tendrán el mismo perímetro, mientras que el producto de cada pareja corresponde al área del rectángulo, se da el caso de que, para rectángulos de igual perímetro, el área máxima corresponde al más parecido a un cuadrado.

8. $13 \div 29 = 0{,}4482758$

Este tipo de problemas son muy fáciles de plantear.

9. El resultado final es siempre 1089, salvo que en el primer número elegido la cifra de las centenas sea la misma que la de las unidades, es decir, un capicúa como 525, pues entonces la primera resta dará cero.

10. Veamos 4 soluciones:

$$123 - 4 - 5 - 6 - 7 + 8 - 9 \ = \ 100$$
$$123 - 45 - 67 + 89 \ = \ 100$$
$$[1 \times (2 + 3) \times 4 \times 5] + 6 - 7 - 8 + 9 \ = \ 100$$
$$(1 \times 2 \times 3) - (4 \times 5) + (6 \times 7) + (8 \times 9) \ = \ 100$$

11.  a.   $237 \times 238$, calcula primero $\sqrt{56.401}$

   b.   Una utilización del principio de ensayo y error te conducirá al resultado.

   $69 \times 71 \times 73 = 357.406$

   c.   $26^2 + 27^2 = 1.405$

   d.   El método a seguir es tantear diferentes números para irse acercando gradualmente a la longitud buscada.

   $5 \times 5 \times 5 = 125$ y $6 \times 6 \times 6 \times = 216$

   Por lo tanto, la longitud buscada está entre 5 y 6 pero más cerca de 6 que de 5, por comprobaciones sucesivas tenemos.

| | | |
|---|---|---|
| 5.9 | 5. 9 x 5.9 x 5.9 = | 205.379 |
| 5.8 | 5. 8 x 5.8 x 5.8 = | 195.112 |
| 5.85 | $(5.8)^3 =$ | 200,201.62 |
| 5.845 | $(5.845)^3 =$ | 199,688.72 |
| 5.848 | $(5.848)^3 =$ | 199,996.36 |
| 5.8481 | $(5.8481)^3 =$ | 200,006.61 |
| 5.84804 | $(5.84804)^3 =$ | 200,000.45 |
| 5.848035 | $(5.848035)^3 =$ | 199,999.94 |

En muchas calculadoras puede obtenerse el resultado
$(5, 8480355)^3 = 200$

Aunque no es la respuesta exacta, sino sólo la que los límites de la calculadora determinen.

12. El mínimo número capicúa primo es 11 y el mínimo cuadrado capicúa el 121. Sólo hay otros dos cuadrados perfectos capicúas menores que 1.000

$$484 = 22^2 \qquad y \quad 676 = 26^2$$

Los primos capicúas entre 100 y 200 son 101, 131, 151, 181, 191.

Todos los capicúas entre 400 y 500 terminarán en 4, luego son pares.

Entre 500 y 600 terminarán en 5, luego tendrán factor 5.

Entre el 383 y el 727 no hay ningún número capicúa primo.

El factor común pedido es el 11.

13. Basta hallar los divisores y sumarlos excepto el mismo número, obteniendo el otro, con lo cual se comprueba que son números amigos.

14. $X^2 - Y^2 = (X + Y)(X - Y)$

    En este caso $X - Y = 1$, luego $X^2 - Y^2 = X + Y$

15. Si el número elevado al cuadrado es $n$, entonces los otros dos números multiplicados son $(n - 1)$ y $(n + 1)$.

    Ahora $(n - 1)(n + 1) = n^2 - 1$, luego, el producto es siempre una unidad menor que $n^2$.

16. La línea n-ésima consiste en la suma de $n$ números impares consecutivos, terminando en el número impar.

    $1/2\, n\, (n + 1)$, suma igual a $n^3$.

17. La suma de los cubos de los $n$ primeros números naturales es igual al cuadrado de la suma de dichos números. Ej.

    $1^3 + 2^3 + 3^3 + 4^3 = (1 + 2 + 3 + 4)^2$

18. Otra multiplicación sorprendente es $16583742 \times 9 = 149253678$

19. $888 + 88 + 8 + 8 + 8 = 1000$

    Existen otras soluciones.

20. $22 + 2 = 24 \qquad 3^3 - 3 = 24$

21. 6 x 6 - 6 = 30      $3^3$ + 3 = 30;     33 - 3 = 30

22. Las cifras que faltan se restablecen poco a poco, utilizando el siguiente método deductivo.

```
    * 1 *            I
   X 3 *  2          II
      *   3 *        III
 3 * 2    *          IV
   * 2 * 5           V
 1 * 8 * 30          VI
```

Es fácil determinar que el último asterisco de la línea III es un 0 (cero), se ve claramente, por ser también un 0 (cero)  la última cifra de la fila VI.

A continuación se determina el valor del último asterisco de la fila I; éste es una cifra que multiplicada por 2 da un número terminado en 5 (fila V). El 5 es la única cifra posible.

Luego está claro que en el final de la línea IV se encuentra la cifra 0 (cero).

No es difícil adivinar que el que se oculta, tras el asterisco de la fila II, es un 8, porque sólo al multiplicar este número por 15 da como resultado producto un número terminado en 20 (fila IV).

Finalmente, está claro el valor del primer asterisco de la fila I este es un 4, porque sólo este número multiplicado por 8 da un producto que empieza por 3 (fila IV).

No presenta dificultad alguna averiguar las otras cifras desconoci-
das, basta multiplicar los números de las dos primeras filas, que ya
están completamente determinados.
En definitiva resulta la multiplicación siguiente:

```
    415
  x 382
    830
+ 3320
  1245
 158530
```

23. He aquí la división buscada:

```
  52650 | 325
 - 325  | 162
   2015 |
 - 1950
   00650
 - 00650
   00000
```

24. Un lector paciente puede encontrar 9 casos distintos de esta clase
de multiplicación. Éstos son:

12 x 483 = 5796

42 x 138 = 5796

18 x 297 = 5346

27 x 198 = 5346

39 x 186 = 7254

48 x 159 = 7632

28 x 157 = 4396

4 x 1738 = 6952

4 x 1963 = 7852

25. Vemos que cada uno de los números de esta serie, es igual al conjunto de todos los anteriores sumados, más una unidad.

    Por eso, cuando hay que sumar todos los números de una serie de éstas por ejemplo, desde 1 hasta 32.768, bastará añadir el último número (32.768) a la suma de todos los anteriores. En otros términos, le añadimos ese mismo número último restándole previamente la unidad (32.768 - 1). Resulta 65.535.

26. ¿Cuál es el truco? La suma de los dos productos es igual al producto de 567 x 999, que a su vez equivale al de 567 por 1000 menos 567. Hágalo sobre un papel y verá inmediatamente porqué el resultado ha de ser 566 seguido por su complemento a 9 = 1433.

27. El secreto es absurdamente sencillo, basta con dividir el segundo número dos veces entre 7. Si queda un resto después de la primera división, colóquelo delante del dividendo y, después divida por segunda vez.

    Supongamos que el segundo número es 123.456.789 lo que en realidad se hace es dividir por 7 la cantidad 123 456 789 123 456 789, el cociente 17636684160493827 es la respuesta.
    La división debe ser exacta, sino es así, es que se ha cometido un error.

    El número mágico 142 857 143 puede multiplicarse con la misma facilidad por cualquier otro de menor longitud. Basta con añadir suficientes ceros a la derecha para obtener una cifra de 9 dígitos al hacer la primera división mental por 7. Así, si el multiplicador fuese 123456, usted dividirá 123456000 entre 123456 entre 7. Mientras escribe la respuesta mirando secretamente al multiplicador y llevando a cabo la división mental.

28. La respuesta está en la pregunta.

29. El menor número entero que puede escribirse con dos cifras no es
el 10, como seguramente piensan algunos alumnos sino la unidad,
expresada de la siguiente manera:

$$\frac{1}{1}, \quad \frac{2}{2}, \quad \frac{4}{4}, \dots \frac{9}{9}$$

Aquellos que conozcan el álgebra pueden indicar las siguientes
expresiones $1°$, $2°$, $3°$, etc.

30. Hay que representarse la unidad como la suma de dos quebra-
dos.

$$148 / 296 + 35 / 70 \quad = \quad 1$$

Los que tengan conocimientos de álgebra, pueden además dar las
siguientes respuestas:

$$(1\,2\,3\,4\,5\,6\,7\,8\,9)^0; \quad (2\,3\,4\,5\,6\,7)^{9-8-1}$$

31. He aquí 2 procedimientos.

$$9 + 99/99 = 10$$

$$99/9 - 9/9 = 10$$

Siguiendo por el álgebra, obtendremos:

$$(9 + 9/9)^{9/9} = 10$$
$$9 + 99^{9-9} = 10$$

32. He aquí 4 procedimientos.

$$7 + 24\,\frac{9}{18} + 5\,\frac{3}{6} = 100$$

$$80\,\frac{27}{54} + 19\,\frac{3}{6} = 100$$

$$87 + 9\,\frac{4}{5} + 3\,\frac{12}{60} = 100$$

$$50\,\frac{1}{2} + 49\,\frac{38}{76} = 100$$

33. El número 100 puede expresarse con 5 cifras iguales, empleando, unos, treces y, lo más sencillo, cincos.

$$111 - 11 = 100$$
$$33 \times 3 + 3/3 = 100$$
$$5 \times 5 \times 5 - 5 \times 5 = 100$$
$$(5 + 5 + 5 + 5) \times 5 = 100$$

# Capítulo 6

# Problemas de Lógica

1.

ada una de estas tres figuras se puede recortar, doblar y pegar para construir un dado. En cada una faltan tres números. Numéralos de manera que se cumpla la condición de que los números correspondientes a dos caras opuestas de cada uno de los lados siempre sumen 7.

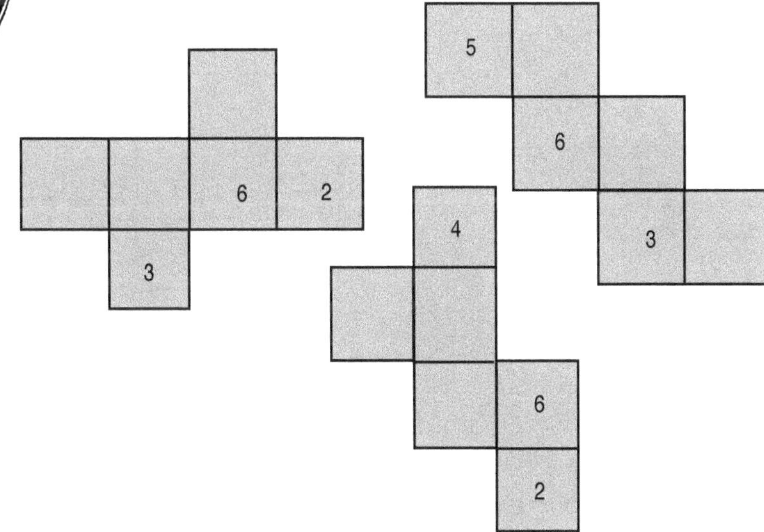

2.  Un lechero dispone únicamente de dos jarras de 3 y 5 litros de capacidad para medir la leche que vende a sus clientes. ¿Cómo podrá medir un litro sin desperdiciar la leche?

3.  Una patrulla de soldados, se encuentra con un gran río, profundo e infestado de cocodrilos. En la otra orilla ven dos muchachos nativos con una canoa. La canoa sólo puede transportar a un soldado con su fusil y su mochila o a los dos muchachos. ¿Cómo conseguirán los soldados atravesar el río sin alimentar a los cocodrilos?

4.  Tienes 8 cubos de madera de 1 cm. de arista, explica cómo se podrían pintar de manera que puedan reunirse para formar otro cubo de 2 cm. de arista de color rojo o de color azul.

    Considera el problema análogo para 27 cubos de 1 cm.

    ¿Podrías colorearlos de manera que puedan formar otro cubo de 3 cm. de arista, todo rojo o todo azul o todo amarillo?

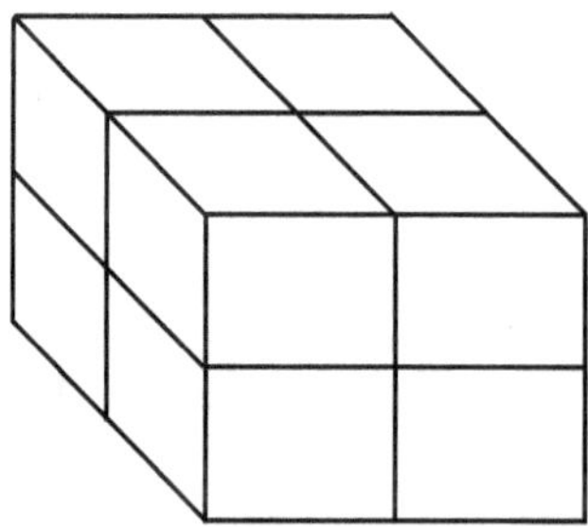

5.  Una jardinera quería sacar el mayor partido posible de las plantas que tenía, y un buen día descubrió mientras plantaba un macizo de rosas, que había colocado 7 plantones de rosas de manera que formaban 6 líneas con 3 rosales en cada uno de ellos.

¿Cómo lo consiguió?

Luego descubrió la manera de plantar 10 rosales de modo que formaran 5 líneas y que hubiera 4 rosales en cada línea.

6. La pequeña Catalina ha desafiado a sus amigos a hacer algo que parece totalmente imposible; coger un libro girarlo un ángulo de 180°, volverlo a girar otros 180° y que el libro quede formando un ángulo de 90° con su posición inicial. ¿Será posible?

7. Un juego de palabras utiliza dados con una letra en cada cara. En la figura se ven 3 aspectos de uno de estos dados.
   ¿Qué letra es la que figura en la cara opuesta a la que ocupa la H?

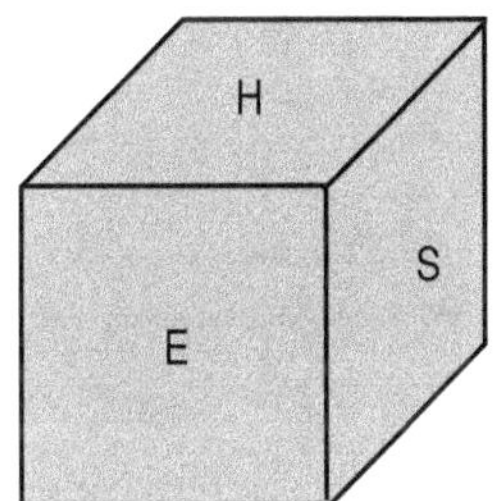

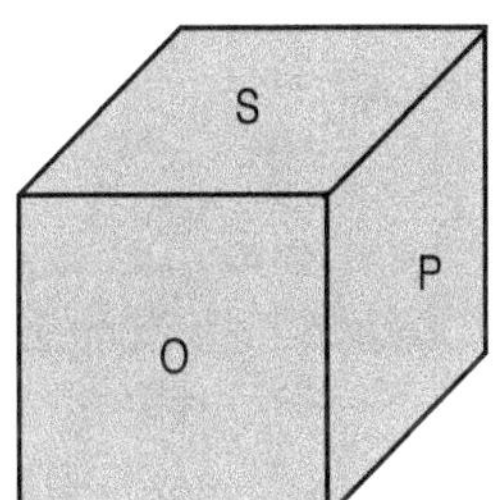

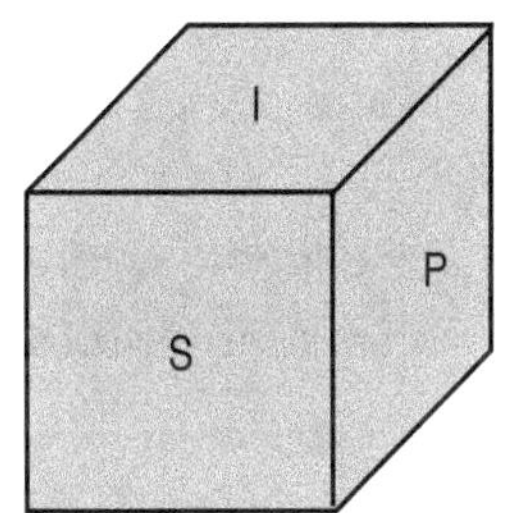


8. Nos han pedido aserrar un cubo de madera de 3 cm. de arista, para obtener 27 cubitos de 1 cm. ¿Será posible hacerlo con menos de 6 cortes?

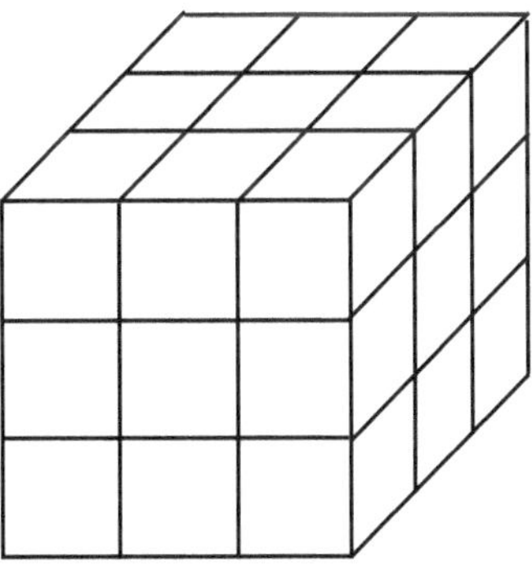

9. Una polilla hambrienta ataca una enciclopedia de 5 volúmenes, la polilla empieza a correr y a abrirse camino a través de las hojas, desde la cubierta anterior del volumen I, hasta la cubierta posterior del volumen V. Si cada tomo tiene 3 cm. de grueso, ¿qué distancia ha recorrido la polilla en su alimentación?

10. Un bosquecillo habéis de plantar mi señor si queréis demostrar que soy vuestro amor. Esta arboleda aunque pequeña ha de estar compuesta por 25 arbolitos en doce filas bien dispuestas y en cada fila 5 árboles plantaréis o mi lindo rostro nunca más veréis.

11. Dos granjeros amigos compraron, entre los dos, un barril de sidra de 8 cántaros y querían repartírselo en partes iguales, pero sólo disponían de dos recipientes para medirla uno de 5 cántaros y otro de 3. ¿Cómo lo consiguieron?

12. Buscando agua, una rana cayó en un pozo de 30 m. de hondo. En su intento de volver a salir, la obstinada rana no hacía grandes progresos, ya que cada día conseguía subir 3 m. pero en la noche resbalaba y bajaba 2 m. ¿Podrías decir cuántos días tardó la rana en salir del pozo?

13. En una estantería, se encuentran los libros en desorden.

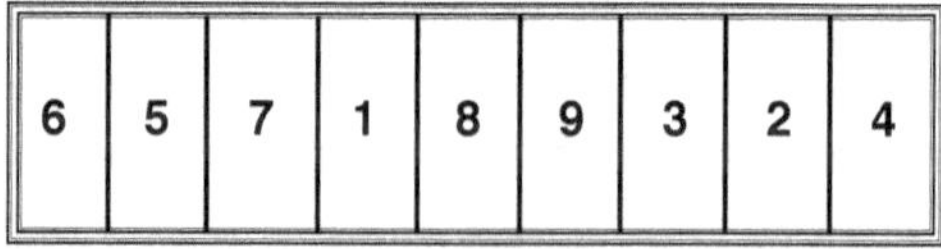


La persona encargada de ordenarlos, descubrió que la mejor manera de ordenarlos era intercambiar 2 libros entre sí; es decir, sacar 2 libros cualesquiera mal colocados de la estantería y volver a colocarlos en orden invertido.

¿Cuántos intercambios tendrá que hacer para colocar los volúmenes de la enciclopedia en el orden 1, 2, 3, 4, 5, 6, 7, 8, 9?

¿Cuál será la mejor manera de reordenarla, si los volúmenes hubieran estado en el orden 4, 5, 7, 6, 8, 1, 9, 2, 3?

14. Nos dan 27 cubitos numerados de 1 al 27, cada uno con su número escrito en todas sus caras. Hay diversas maneras de formar con ellas un cubo más grande de tamaño 3 x 3 x 3 de manera que los números de cada fila de cubos pequeños, paralela a una arista del cubo grande sumen siempre 42, pero no las diagonales de las caras. La figura muestra la colocación de la capa superior en una de las soluciones.

¿Podrías complementarlo indicando los números correspondientes a las otras dos caras?

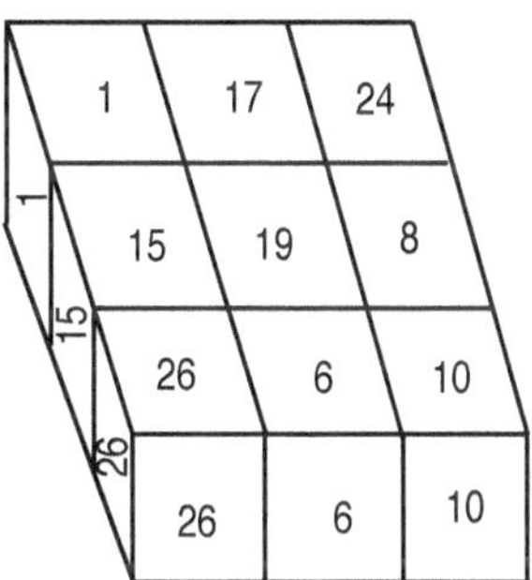


15. Una bolsa contiene 27 bolas de billar que parecen idénticas. Sin embargo, nos han asegurado que hay una defectuosa que pesa más que las otras.

Disponemos de una balanza, pero no de un juego de pesas, de manera que lo único que podemos hacer es comprar pesas. Demuestra que se puede localizar la bola defectuosa con sólo 3 pesadas.

16. Un tendero dispone de una balanza y 4 pesas distintas. Estas pesas son tales que le permiten pesar correctamente cualquier número exacto de Kg. desde 1 a 40.

    ¿Cuánto pesa cada uno, y cómo se las puede arreglar para pesar todos esos pesos diferentes?

17. En una maratón de 40 Km. a sus patrocinadores, en lugar de una cantidad fija de dinero, pidieron que modificasen el sistema con objeto de mejorar un poco sus ganancias. Consiguió convencerlos de que cada Km. va siendo cada vez más duro de superar y que se daría por satisfecho si le pagaran $1 por el primer Km. $2 por el 2°, $4 por el tercero, así sucesivamente doblando la cantidad por cada nuevo Km. recorrido.

    Los organizadores aceptaron pero al finalizar la maratón y presentarse a cobrar el atleta, los patrocinadores llevaron la gran sorpresa. ¿Por qué?

18. Un profesor de matemáticas ya jubilado, jugando con la calculadora de bolsillo de su biznieta, descubrió que la diferencia entre los cubos de las dos cifras de su edad era igual al cuadrado de la edad de su bisnieta.

    ¿Podrías encontrar las edades de ambos?

19. Dos personas estuvieron contando durante una hora, a todos los transeúntes, que pasaban por la acera. Una estaba parada junto a la puerta, otra andaba por la acera.

    ¿Quién contó más transeúntes?

20. En 1932 tenía yo tanto años como expresan las 2 últimas cifras del año de mi nacimiento. Al poner en conocimiento de mi abuelo esta coincidencia, me dejó pasmado al contestarme que con su edad ocurría lo mismo.

    ¿Será posible? En caso positivo ¿Cuánto años teníamos cada uno de nosotros?

21. Tenemos 3 montoncitos de cerillas, en total hay 48, no les digo cuántas hay en cada uno. Si del $1^{\circ}$ pasó al $2^{\circ}$ tantas cerillas como hay en éste, luego, del $2^{\circ}$ pasó al $3^{\circ}$ tantas cerillas como hay en este tercero y por último, del tercero pasó al $1^{\circ}$ tantas cerillas como existen ahora en este primero, resulta que habrá el mismo número de cerillas en cada montón. ¿Cuántas cerillas habían en cada montón al principio?

22. Para este truco se necesitan 3 objetos pequeños que se puedan guardar en el bolsillo, por ejemplo un lápiz, una llave y una moneda. En la mesa se coloca un plato con 24 objetos, pueden ser canicas.

    A 3 de los presentes les propone que mientras usted, esté fuera de la habitación, escondan en sus bolsillos, a su elección uno cualquiera de los 3 objetos, el lápiz, la llave o la moneda. Usted se compromete a adivinar el objeto que ha escondido cada uno en su bolsillo.

    El proceso para adivinarlo consiste en lo siguiente. Al regresar a la habitación, una vez que las tres personas hayan escondido los objetos en los bolsillos, se les entrega unas canicas para que las guarden. Al $1^{\circ}$ se le da una, al $2^{\circ}$ dos y al $3^{\circ}$ tres, las restantes se dejan en el plato. Luego se les da a los 3 las siguientes instrucciones: cada uno debe coger del plato más canicas. El que tenga el lápiz tomará tantas como le fueron entregadas, el que tenga la llave el doble de las que recibió, el de la moneda cuatro veces más que las que se le haya dado, las demás quedan en el plato. Una vez hecho todo lo anterior y dada la señal de que puede regresar, al entrar usted mira el plato, e inmediatamente anuncia cual es el objeto que cada uno guarda en el bolsillo.

¿En qué consiste el truco?

23. En una misma caja hay 10 pares de calcetines de color café y 10 pares negros, en otra hay 10 pares de guantes de color café y otros tantos pares negros. ¿Cuántos calcetines y guantes necesitaría sacar de cada caja, para conseguir un par de calcetines y un par de guantes de un mismo color?

24. El último mes he ganado $250, incluyendo el pago por horas extras.

    El sueldo asciende a $200 más que lo recibido por horas extraordinarias. ¿Cuál es mi salario sin las horas extras?

25. Dos obreros, uno viejo y otro joven, viven en un mismo apartamento y trabajan en la misma fábrica. El joven va desde la casa a la fábrica en 20 minutos, el viejo en 30 min. ¿En cuántos minutos alcanzará el joven al viejo, si éste sale de casa 5 minutos antes que el joven?

26. A un aficionado a los rompecabezas le preguntaron que cuántos años tenía. Él respondió: "tomad 3 veces los años que tendré dentro de 3 años restadles tres veces los años que tenía hace 3 años y resultará exactamente los años que tengo ahora".

    ¿Cuántos años tiene ahora?

27. Un coleccionista cazó varias arañas y escarabajos, en total 8, y los guardó en una caja. Si se cuenta el número total de patas que corresponden a los 8 animales resultan 54 patas. ¿Cuántas arañas y cuántos escarabajos hay en la caja?

28. Las cestas contienen huevos, en unas cestas hay huevos de gallina, en las otras de pato. Su número esta indicado en cada cesta: 5 - 6 - 12 - 14 - 23 - 29. Si vendo esta cesta meditaba el vendedor, me quedará el doble de huevos de gallina que de pato.

    ¿A qué cesta se refiere el vendedor?

29. Dos padres regalaron dinero a sus hijos, uno de ellos dio a su hijo $150, el otro entregó al suyo $100. Resultó sin embargo, que ambos hijos juntos aumentaron su capital solamente en $150. ¿De qué modo se explica ésto?

30. Un viajero llega a la orilla de un río llevando como únicos bienes un lobo, una cabra y un repollo. El único bote disponible es muy pequeño y no puede llevar más que al viajero y uno de sus bienes. Desgraciadamente, si los deja juntos la cabra se comerá el repollo y el lobo devorará a la cabra. Cómo transportaría el viajero sus pertenencias a la otra orilla del río, manteniéndolas intactas.

## Soluciones

1.

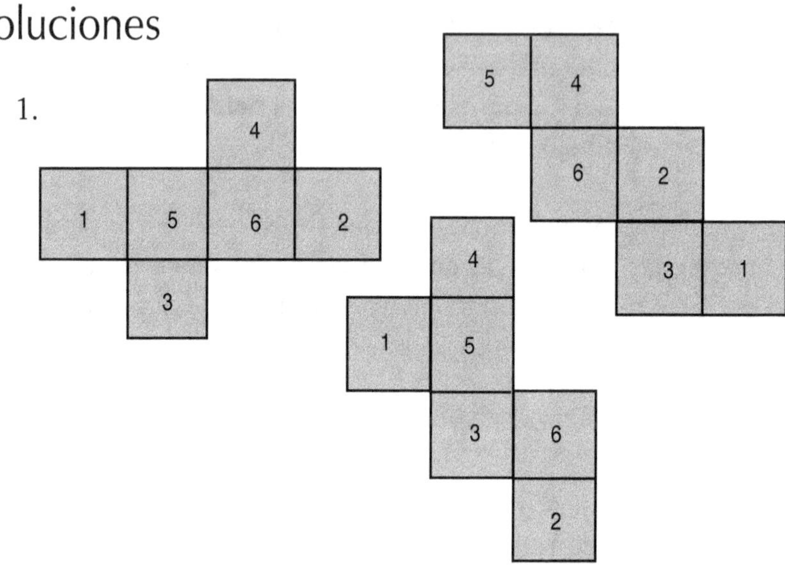

2. Llena primero la jarra de 3 litros y la vacía en la de 5. Vuelve a llenarla y vacía todo lo que queda en la de 5, ya parcialmente llena lo que sobra en la jarra de 3 litros, es exactamente un litro.

   Otra manera sería, 3 y 5 litros se pueden medir directamente y $6 = 3 + 3$ litros o bien $8 = 5 + 3$ litros también son fáciles de medir.

3. La clave de la solución depende del hecho de que la canoa puede transportar a los dos muchachos, pero sólo se necesita uno de ellos para llevar la canoa de una orilla a la otra del río. Así pues, uno de los muchachos lleva la canoa hasta la orilla en que se encuentran los soldados. A continuación este muchacho se baja y el primer soldado con todo su equipo cruza el río, allí desembarca y el segundo muchacho regresa con la canoa y recoge de vuelta a su compañero. Ya están los dos muchachos y la canoa como al principio basta repetir la maniobra tantas veces como soldados haya, hasta que el último haya cruzado el río.

4. Pinta cada cubo de 1 cm. de manera que las 3 caras que tienen un vértice común sean todas rojas, mientras que las que comparten el vértice opuesto sean todas azules. Entonces se pueden reunir los 8 cubos para formar otros mayor de 2 cm. de arista y todo el rojo o todo el azul, según, se coloquen.

   El cubo de 3 cm. es mucho más difícil y puede que necesites visualizarlo, por ejemplo, coloreando cubos de azúcar.

   El problema tiene solución. Los 27 cubos de 1 cm. tienen en total 27 x 6 caras, mientras que los 3 cubos grandes de 3 cm. tendrán en total 3 x 6 caras cada una formada por nueve cuadrados pequeños. ¿Hay pues, la cantidad justa de cuadrados para conseguirlo?

5. 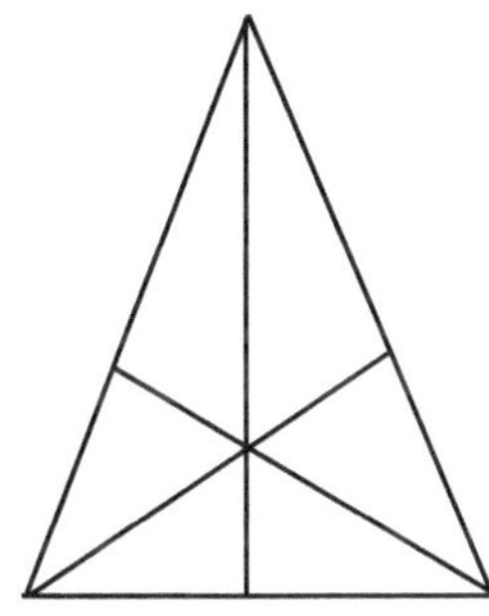 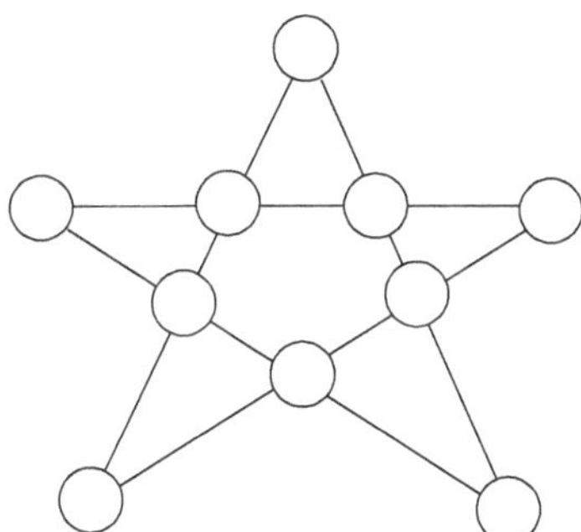

6. Gira el libro 180° alrededor del lado vertical opuesto al lado vertical opuesto al lomo, y a continuación otros 180° alrededor de una recta que forme un ángulo de 45° con el eje anterior, como indica la figura para conseguir que el libro quede girado 90° en su propio plano.

   En general un giro de 180° alrededor de un cierto eje seguido por otro de 180° alrededor de otro eje que forme un ángulo X con el primero, resulta ser equivalente a una rotación de ángulo.

2X alrededor de un eje perpendicular a los dos primeros y que pasa por su punto de intersección.

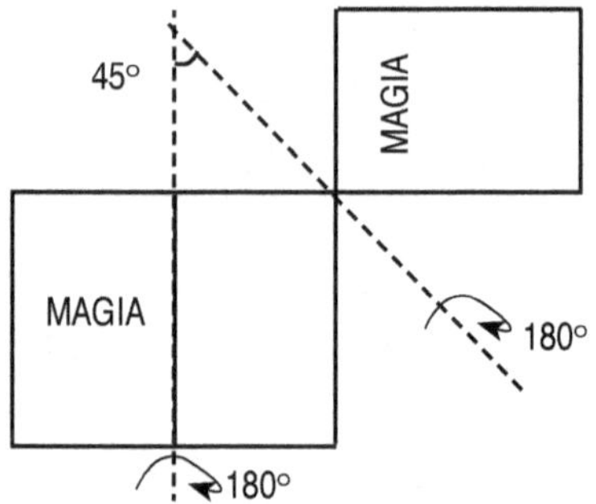



7. La letra opuesta a la H, tiene que ser la S. En la figura se muestra el desarrollo plano del cubo en el que puede verse que la letra S aparece dos veces.



8. Independientemente de cómo trates de cortar el cubo grande, no hay manera de evitar que el cubo central de 1 cm. tenga sus seis caras y que todas hayan de ser cortadas por cortes distintos. Así pues es imposible cortar los 27 cubitos pequeños con menos de seis cortes.

9. La respuesta correcta no es 15 cm. La figura representa los cinco volúmenes vistos desde arriba y las líneas punteadas el camino seguido por la Polilla Y sólo tiene 9 cm. de longitud.

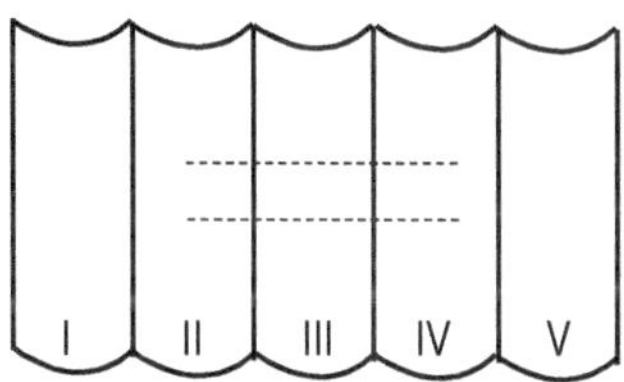



10.

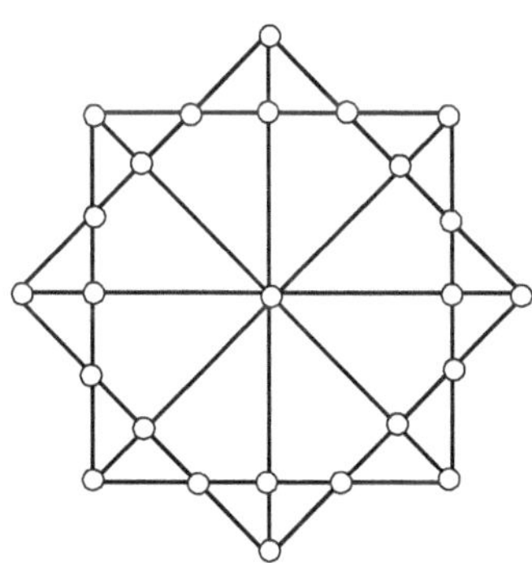

11. Llénese el recipiente 5 del 8, llénese el 3 del 5 dejando dos en 5; vacíese 3 en 8; traspásense los dos de 5 a 3 y llénese de nuevo 5 de 8; viértase parte de 5 en 3, con lo que quedan cuatro en 5; y, por último vacíese 3 en 8, con lo que quedará también cuatro cántaros en 8.

12. La respuesta correcta es 28 días.

13. El número de intercambios que habrá que hacer dependerá de lo desordenados que estén los libros, y una de las maneras de analizarlo es éste.

Primero escríbase el orden correcto en que deberían estar los libros y debajo el orden en que están.

Orden correcto 12  3  4  5  6  7  8  9
Orden dado   6 5  7 1  8 9 3  2  4

Se observa que algunos libros están intercambiados entre sí como el 3 y el 7, de manera que un simple cambio entre, los dos, representados por (37), los pondrá en su lugar.

En los demás casos no es tan sencillo, pero vemos que:

El 6 está en la posición 1
El 1 está en la posición 4
El 4 está en la posición 9
El 9 está en la posición 6

De manera que sólo es necesario intercambiarlos entre sí. Podemos representar sus posiciones relativas por (6149) y colocarlos en sus lugares correctos con un mínimo de tres intercambios, el (49), seguido del (14) y del (61).

14.

| 23 | 3 | 16 |
|----|----|----|
| 7 | 14 | 21 |
| 12 | 25 | 5 |

Capa intermedia

| 18 | 22 | 2 |
|----|----|----|
| 20 | 9 | 13 |
| 4 | 11 | 27 |

Capa inferior

15. Compara 9 bolas cualesquiera con otras 9 y deja las 9 restantes en la caja. Si la balanza se equilibra, ya sabemos que la bola más pesada está en la caja, si no es así estará entre las 9 del platillo que incline hacia su lado la balanza. Hemos conseguido, pues aislar la bola defectuosa entre 9 con sólo una pesada. Dividimos ahora este

conjunto de 9 bolas en tres de 3 cada uno y repitamos la operación anterior con ellos. Después de la segunda pesada habremos conseguido aislar la bola defectuosa en un conjunto de tres concretas, y repitiendo una vez más el proceso con ellas tendremos localizada la bola en cuestión a la tercera pesada y sin error posible.

16. Las pesas eran de 1 Kg, 3Kg, 9Kg, 27 Kg. Colocando estas pesas en cualquiera de los dos platillos de la balanza, se consigue pesar cualquier número exacto de Kg. de 1 a 40, Ej:

$$11 = 9 + 3 - 1$$
$$20 = 27 + 3 - 9 - 1$$

17. Los patrocinadores se han mostrado ingenuamente a pagar

$$(1 + 2 + 4 + 8 + 16 + \ldots + 20^{39}) \text{ pesetas.}$$

Esta inocente suma da un total.

$$2^{40} - 1 = \$ \ 1099511627775$$

Es decir $ 27 487 790 694 por Km.

18. $8^3 - 7^3 = 512 - 343 = 169 = 13^2$

El anciano profesor tenía 87 años y su biznieta 13.

19. Ambos contaron el mismo número de transeúntes. El que estaba parado junto a la puerta contaba los transeúntes que marchaban en ambas direcciones, mientras el que andaba veía 2 veces más personas que se cruzaban con él. Se puede razonar de otra manera, cuando aquel de los considerados que se paseaba por la acera, por

primera vez volvió a donde su amigo parado, ellos contaron igual número de transeúntes: Cada uno el que pasó cerca del parado cayó (en uno u otro recorrido) también entre los contados por el que paseaba (y por el contrario). Y cada vez, al regresar hacia su amigo parado, el que paseaba contó el mismo número de transeúntes. Lo mismo ocurrió al final de una hora, cuando ellos se encontraron por última vez y se comunicaron mutuamente los resultados.

20. Se puede creer que el problema está mal planteado; parece como si el nieto y el abuelo fueran de la misma edad. Sin embargo, las condiciones exigidas por el problema se cumplen fácilmente.

El nieto ha nacido en el siglo XX, las dos primeras cifras del año de su nacimiento, son 19, ese es el número de las centenas. El número expresado por las cifras restantes, sumado con él mismo, debe dar como resultado 32. Es decir, que este número es 16: el año de nacimiento del nieto es 1916 y en 1932 tenía 16 años.

El abuelo nació en el siglo XIX, las dos primeras cifras del año de su nacimiento son 18. El número duplicado expresado por las restantes cifras debe sumar 132. Es decir que su valor es igual a la mitad de este número, o sea 66.

El abuelo nació en 1866 y en 1932 tenía 66 años.

De este modo, el nieto y el abuelo tenían en 1932, tantos años como expresan las dos últimas cifras de los años de su nacimiento.

21. Comencemos por el final. Hechas todas las mudanzas correspondientes, los montoncitos tienen un número igual de cerillas, pues el número total de cerillas no ha cambiado. Al hacer los cambios, resultó haber en cada montón 16 cerillas.

| Montón I | Montón II | Montón III |
|:---:|:---:|:---:|
| 16 | 16 | 16 |

Antes de esto, al primer montón se habían añadido tantas cerillas como antes había en él, el número de cerillas de este montón se había duplicado. Antes de hacer el último cambio, en el primer montón no había 16 cerillas, sino 8.

En el tercero del cual quitamos 8 cerillas antes de hacer esta operación había $16 + 8 = 24$ cerillas obtendríamos:

| Montón I | Montón II | Montón III |
|:---:|:---:|:---:|
| 8 | 16 | 24 |

Antes de esto, fueron pasadas desde el segundo montón al tercero tantas cerillas como había en éste es decir que el número 24 es el doble de las cerillas existentes en el montón 3° antes de este cambio. Por lo cual tendríamos.

| Montón I | Montón II | Montón III |
|:---:|:---:|:---:|
| 8 | $16 + 12 = 28$ | 12 |

Antes de pasar del primer montón al segundo tantas cerillas como había en este último, la distribución de las cerillas era:

| Montón I | Montón II | Montón III |
|:---:|:---:|:---:|
| 22 | 14 | 12 |

Este era el número de cerillas que había al principio en cada uno de los montones.

22. Se adivina quién tiene cada objeto por el número de canicas que quedan, estas son pocas de 1 a 7 y pueden contarse de un sólo vistazo.

Para saber quien ha guardado uno u otro objeto por el número de canicas que quedan, es muy sencillo.

Supongamos que sus compañeros se llaman B, G y K. Designemos los objetos por la letras, el lápiz (a), la llave (b), y la moneda(c).

¿Cómo pueden distribuirse estos objetos entre 3 personas?
De las 6 maneras siguientes.

| B | G | K |
|---|---|---|
| a | b | c |
| a | c | b |
| b | a | c |
| b | c | a |
| c | a | b |
| c | b | a |

Veamos que número de canicas quedan en el plato, en cada uno de los casos.

| BGK | Número de canicas tomadas | | | Total | Resto |
|---|---|---|---|---|---|
| a b c | $1 + 1 = 2$: | $2 + 4 = 6$; | $3 + 12 = 15$ | 23 | 1 |
| a c b | $1 + 1 = 2$; | $2 + 8 = 10$; | $3 + 6 = 9$ | 21 | 3 |
| b a c | $1 + 2 = 3$; | $2 + 2 = 4$; | $3 + 12 = 15$ | 22 | 2 |
| b c a | $1 + 2 = 3$; | $2 + 8 = 10$; | $3 + 3 = 6$ | 19 | 5 |
| c a b | $1 + 4 = 5$; | $2 + 2 = 4$; | $3 + 6 = 9$ | 18 | 6 |
| c b a | $1 + 4 = 5$; | $2 + 4 = 6$; | $3 + 3 = 6$ | 17 | 7 |

El número de canicas en cada caso, es diferente. Por lo tanto conociendo el resto, es fácil determinar cómo están distribuidos los objetos.

Veamos cómo se utiliza la tabla. Si quedan 5 canicas, quiere decir, (b c a).

La llave la tiene B
La moneda la tiene G
El lápiz lo tiene K

Para que el truco salga bien, se debe recordar exactamente cuántas canicas ha entregado a cada compañero.

23. Bastan 3 calcetines, porque 2 serán siempre del mismo color. El asunto se complica con los guantes, que se distinguen no sólo por el color sino porque la mitad de los guantes son de la mano derecha y la otra mitad de la izquierda. En este caso hará falta sacar 21 guantes. Si se sacan menos por ejemplo 20, puede suceder que los 20 sean de una mano por ejemplo 10 de color café de la mano izquierda y 10 negros de la izquierda.

24. Si sumamos $200 a lo cobrado por horas extras nos resulta el salario básico. Si a $250 les sumamos $200 deben resultarnos dos salarios básicos. Pero $250 + 200 = 450$. Esto es, $450 constituyen dos veces el salario básico.

Por lo cual el salario básico sin horas extras es de $225, lo correspondiente a horas extras es lo que falta hasta $250, es decir $25.

Probemos: Salario básico $225. Sobrepasa a lo cobrado $200, en $25.

25. El obrero joven recorre en 5 minutos 1/4 del camino, el viejo 1/6, es decir menos que el joven en:

$$1/4 — 1/6 = 1/12$$

Como el viejo había adelantado al joven en 1/6 del camino, el joven lo alcanzará a los:

$$1/6 \div 1/12 = 2$$

Espacios de 5 minutos, en otras palabras a los 10 minutos.

26. Sea X = Número de años buscado.

La edad 3 años después será X + 3 y la edad 3 años antes será X - 3.

Observemos:

$$3 (X+ 3) - 3 (X- 3) =X$$

Despejando la incógnita resulta: X = 18

Veamos: Dentro de 3 años tendrá 21, hace 3 años tenía 15. La diferencia 3 x 21- 3 x 15 = 63 - 45 = 18.

27. Recordemos en primer lugar que un escarabajo tiene 6 patas y la araña 8.

Supongamos hubiese sólo escarabajos, el número de patas sería 6 x 8 = 48, seis menos de las que exigen en el problema. Reemplacemos un escarabajo por una araña. El número de patas aumentará en dos.

Si hacemos la operación 3 veces consecutivas, el número de patas llegará a ser de 54, entonces, de los 8 escarabajos quedarán sólo 5, las demás serán arañas.

Así pues en la caja había 5 escarabajos y 3 arañas.

Comprobemos:

5 escarabajos dan un total de 30 patas.

Las 3 arañas 24 por lo tanto $30 + 24 = 54$, que son las condiciones planteadas en el problema.

28. El vendedor se refería a la cesta con 29 huevos.

En las cestas con los números 23, 12 y 5 había huevos de gallina, los de pato se hallaban en las cestas designadas con el 14 y el 6.

Comprobemos: Total de huevos de gallina que quedaron:

$23 + 12 + 5 = 40$

De pato: $14 + 6 = 20$

De gallina había el doble que de pato, lo que satisface las condiciones del problema.

29. La clave del enigma consiste en que uno de los padres es hijo del otro. En total eran, no cuatro, sino tres personas, abuelo, hijo y nieto.

El abuelo dio al hijo $150, de ese dinero éste entregó al nieto (es decir, a su hijo), $100, con lo cual sus propios ahorros aumentaron, sólo en $50.

30. Existen dos soluciones:

| | | | | | |
|---|---|---|---|---|---|
| 1. | L | C | R | L | C | R |
| 2. | LR | C → | C | LR | C → | C |
| 3. | LR | ← | C | LR | ← | C |
| 4. | R | L | LC | L | R → | CR |
| 5. | CR | ← C | L | LC | ← C | R |
| 6. | C | → R | LR | C | L → | LR |
| 7. | C | ← | LR | C | ← | LR |
| 8. | C → | | LCR | | C → | LCR |

# Capítulo 7

# Paradojas lógicas

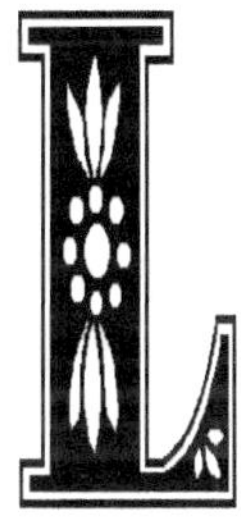as paradojas lógicas tuvieron sus precursores en tiempos remotos, los griegos formularon algunos de los acertijos lógicos que, en épocas recientes, han vuelto a ser plaga de matemáticos y filósofos. Los sofistas crearon una verdadera especialidad en el arte de proponer preguntas o problemas difíciles con los que dejaban perplejos y confundían a sus oponentes en los debates, y aunque la mayor parte de ellos se basaba en pensamientos torpes y vicios dialécticos. Aristóteles los destruyó al establecer los fundamentos de la lógica clásica, una ciencia que ha visto envejecer y que ha sobrevivido a todos los sistemas filosóficos de la antigüedad y que en casi todas sus partes es aún hoy perfectamente válida.

Veamos algunas de las paradojas.

1. Cazar en el vedado de un poderoso príncipe se castiga con la muerte, pero el príncipe decidió posteriormente que aquél que fuera sorprendido cometiendo ese delito

tendría el privilegio de elegir entre ser ahorcado o decapitado, se permitía que el delincuente formulara una posición. Si era falsa se le ahorcaba, si era verdadera, se le decapitaba. Un bribón, ducho en lógica se valió de esa dudosa prerrogativa.

"Ser ahorcado si no acertaba y ser decapitado si lo hacía, diciendo: "Seré ahorcado". Aquí se presentó un dilema imprevisto, puesto que el reo agregó: "Si ustedes me ahorcan, infringen las leyes hechas por el príncipe, puesto que mi posición es verdadera y debería, por lo tanto ser decapitado, pero si ustedes me decapitan, también violan las leyes porque entonces lo que yo dije era falso y debía, en consecuencia, ser ahorcado.

2.  El barbero de la aldea afeita a todos los hombres de la misma que no se afeitan a sí mismos. Este principio se complica en una situación dialéctica análoga a la del verdugo. Se afeitará a sí mismo. Si lo hace, afeita a alguien que se afeita a sí mismo y, quiebra su propia regla. Si no lo hace además de quedar con barba también quiebra su regla, al no afeitar a una persona de la aldea que no se afeita a sí misma.

3.  La forma más sencilla de paradoja lógica que surge a raíz del uso indistinto de la palabra TODO, puede verse en lo siguiente:

a.  Este libro tiene 597 páginas.

b.  El autor de este libro es Confucio.

c.  Las proposiciones indicadas con las letras a, b y c son todas falsas.

¿Qué debe decirse de la proposición C? Las proposiciones a y b son falsas, pero la C puede ser tanto un lobo vestido de oveja como una oveja vestida de lobo. No es lo uno ni lo otro, ni falsa ni verdadera.

4. Un camionero detuvo su vehículo delante de un pequeño puente de aspecto sospechoso y, apeándose, comenzó a dar a golpes a ambos lados de la caja del vehículo. Un granjero que andaba por allí, le preguntó porqué lo hacía.

"Llevo 200 palomas en el camión, explicó el conductor. Es mucho peso. Los golpes las asustarán y comenzarán a volar, lo cual aligerará bastante la carga. No me gusta el aspecto de este puente. Quiero mantener a las aves en el aire hasta que cruce.

Suponiendo que la caja del camión es hermética. ¿Qué puede decirse acerca del razonamiento del camionero?

5. Se tiene un cilindro de vidrio, lleno de agua en cuya parte superior flota un reloj de arena. Si se invierte el cilindro, el reloj permanece en el fondo del recipiente hasta que una cierta cantidad de arena ha pasado al compartimento inferior, entonces sube lentamente hasta lo alto. Parece imposible que una transferencia de arena de arriba a abajo tenga el efecto de modificar la flotabilidad del reloj. ¿Cuál será el *modus operandi*?

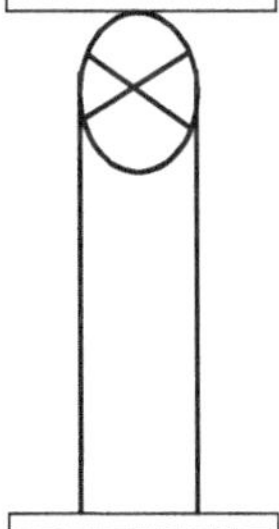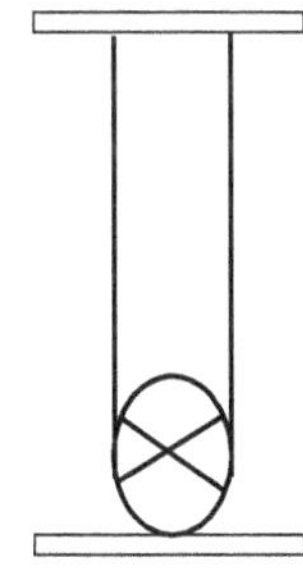

6. Se calienta un trozo de hierro macizo en forma de rosquilla. El diámetro del agujero, aumentará o disminuirá.

7. Recórtese en cartulina una figura en forma de herradura que sea ligeramente más larga que un palillo. Apoye el palillo y la herradura, uno contra otro sobre un mantel, como se indica. El problema consiste en levantar los 2 empleando un tercer palillo sostenido en una mano. La herradura y el palillo sobre el que descanse, sólo se pueden tocar con el segundo palillo. Tampoco está permitido partir éste y utilizar los trozos como pinzas. Hay que levantar juntos los dos objetos y mantenerlos suspendidos sobre la mesa, ¿cómo se hace?

8. Llénese un vaso con agua y déjese caer sobre la superficie un corcho pequeño: flotará a un lado, tocando el vidrio, ¿Cómo hacer para que flote permanentemente en el centro sin tocar las paredes? El recipiente sólo puede contener el agua y el corcho.

9. Unos amigos estaban pasando el día en el campo.

"¿Has traído el aceite y el vinagre para la ensalada?", preguntó la Sra. Smith a su marido.

"Sí", contestó el Sr. Smith. "Y para ahorrarme la molestia de traer 2 botellas los puse a ambos en la misma".

"¡Vaya torpeza!", gruñó la Sra Smith. "A mí me gusta mucho aceite y poco vinagre".

"Nada de torpeza, querida", y procedió a verter de la misma botella las cantidades exactas de aceite y vinagre que cada persona quiso. ¿Cómo se las arregló?

10. Una persona está encerrada en una habitación que no contiene nada metálico a excepción de 2 barras idénticas de hierro.

    Una es un imán la otra no está imantada. Se procede para saber cuál de las dos es el imán colgándolas de una cuerda por el centro y observando cual de ellas se orienta hacia el norte. ¿Hay un procedimiento más simple?

11. Un cubo de hielo flota en un recipiente con agua. El sistema entero se mantiene a 0. Se suministra una cantidad justa de calor para fundir el hielo sin que se altere la temperatura del sistema. ¿El nivel del agua en el recipiente subirá; bajará o no cambiará?

12. Un hombre paseando de noche a velocidad constante por una acera pasa al lado de una farola. A medida que su sombra aumenta de tamaño el punto más alto de ella, ¿se mueve más de prisa, más despacio, o a la misma velocidad que cuando era más corta?

13. Un niño pequeño está jugando con un barco de plástico en la bañera. Lo ha cargado con tuercas y tornillos. Si deja caer toda la carga al agua, de manera que el barco flote vacío. ¿Subirá o bajará el nivel del agua en la bañera?

# Soluciones

4. El camionero está equivocado. El peso de una caja cerrada que contenga un pájaro es la suma de los dos excepto cuando el ave está en el aire y se mueve de manera que la componente vertical del movimiento sea acelerada. Una aceleración hacia abajo reduce el peso del sistema, una aceleración hacia arriba lo aumenta. Si el pájaro cae libremente el peso del sistema disminuye en una cantidad igual al peso del ave.

   En el vuelo horizontal (mantenido a base de batir las alas, alteraron las aceleraciones hacia arriba y hacia abajo. 200 palomas volando al azar dentro de la caja del camión provocarán pequeñas y rápidas fluctuaciones en el peso, pero el peso total del sistema permanecerá virtualmente constante.

5. Cuando la arena está en la parte superior del reloj el centro de gravedad está muy alto y tiende a volcar el reloj hacia un lado. El rozamiento con la pared del cilindro basta para retenerlo en el fondo de éste. Cuando ha caído suficiente arena para que el reloj flote derecho, la pérdida de rozamiento hace que suba.

   Si el reloj es algo más pesado que el agua que desaloja entonces el juguete funciona al revés. Esto es, el reloj descansa normalmente en el fondo del cilindro; cuando se le dé la vuelta, permanece arriba, hundiéndose después de haber transferido suficiente arena para eliminar el rozamiento.

6. Cuando un trozo de hierro se dilata por el calor, mantiene sus proporciones, por lo que el agujero se hace mayor. El principio, lo aplican en la práctica los ópticos cuando calientan el marco de unas

gafas para retirar los lentes y las amas de la casa cuando calientan un frasco de vidrio para que salga la tapa.

7.  Insértese el palillo A entre la herradura de cartón y el palillo B y muévase aquella lo suficiente para dejar que el extremo de B quede bajo la herradura y levante luego ésta y el palillo, equilibrándolos como se indicó en el dibujo.

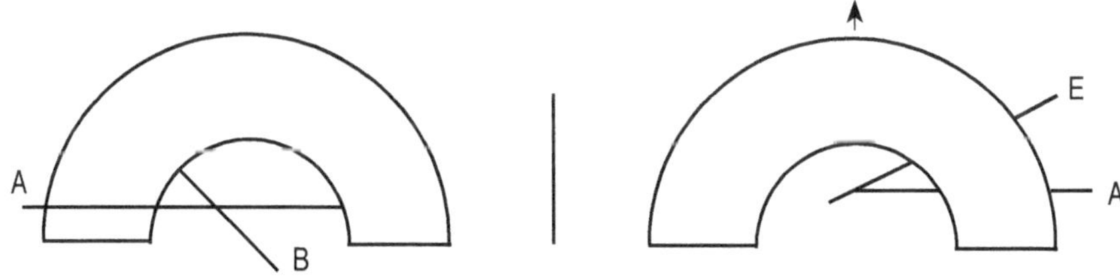


8.  El corcho solamente flota en el centro de la superficie del agua cuando el vaso está lleno hasta un poco por encima de su borde. La tensión superficial del líquido mantiene la ligera convexidad de la superficie.

9.  El aceite flota sobre el vinagre. Para verter el aceite sólo se tiene que inclinar la botella. Para verter el vinagre sólo tiene que invertirla y retirar el corcho lo suficiente como para dejar que salga la cantidad deseada.

10. Tocar con el extremo de una barra el centro de la otra. Si existe atracción magnética, la punta en contacto debe permanecer a la barra imantada en caso contrario, a la barra sin imantar.

11. El nivel del agua no varía. Un cubo de hielo flota porque el agua se expande al cristalizarse. Su peso es el mismo que el del agua que le dio origen. Puesto que un cuerpo flotante desplaza su peso, el

hielo fundido suministrará la misma cantidad de agua que la que desplazaba antes de fundirse.

12. El extremo superior de la sombra de un hombre que pasa al lado de una farola se mueve más rápidamente que él, pero mantiene una velocidad constante independientemente de su longitud.

13. Los tornillos y tuercas que transporta el barco de juguete desplazan una cantidad de agua igual a su peso. Cuando caen al fondo de la bañera desplazan una cantidad de líquido igual a su volumen. Puesto que cada pieza pesa mucho más que el mismo volumen de agua, el nivel de ésta bajará al hundirse la carga.

# Capítulo 8

# Ilusiones ópticas

**1.** ¿on paralelas las tres rectas horizontales?

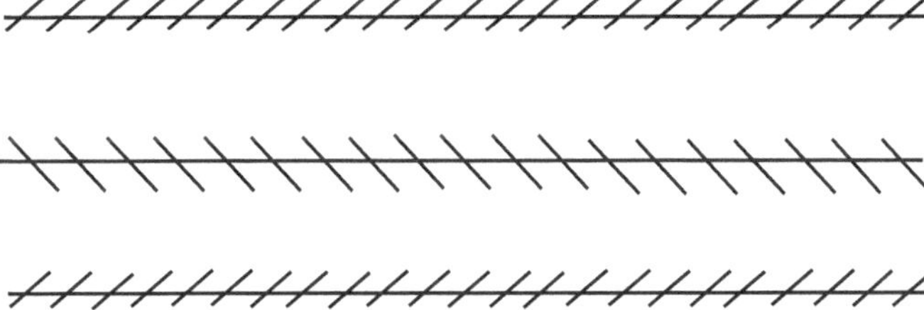

**2.** Por supuesto que el cuadro blanco es más grande que el negro. ¿O será más pequeño?

3. ¿Cuál de los lápices es más largo? Mídalos y lo determinará.

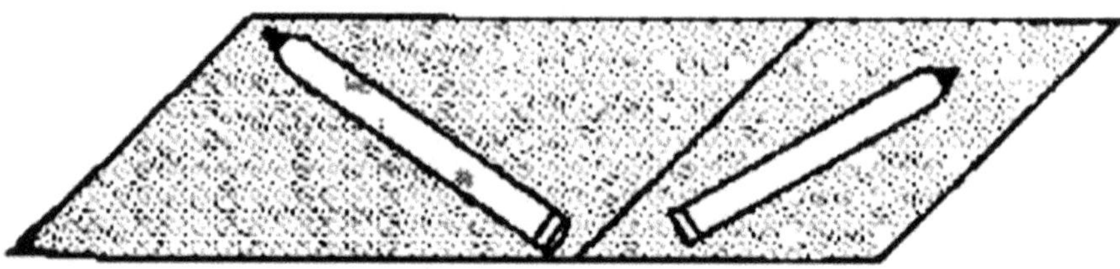

4. ¿Qué ve usted? Ahora mire otra vez.

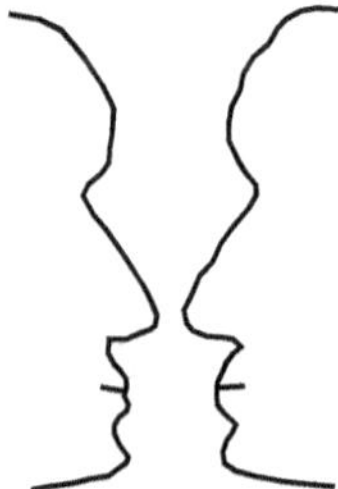

5. Recorrer la estrella volviendo al punto de partida, con un sólo trazo de lápiz.

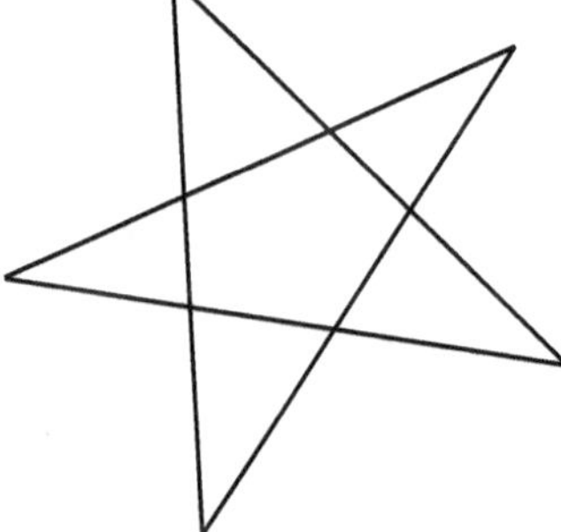

6. Intenta recorrer la figura mediante un sólo trazo de lápiz. ¿Se puede? ¿Por qué?

7. Encuentra alguna relación entre las dos figuras?

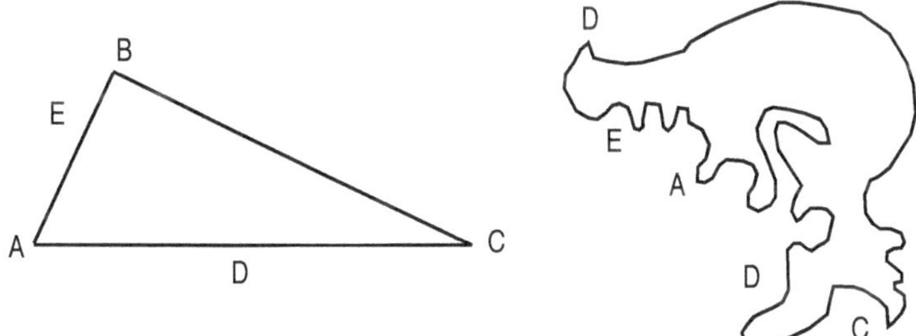

8. Unir los números correspondientes de las figuras simétricas, mediante líneas (rectas) que no se corten.

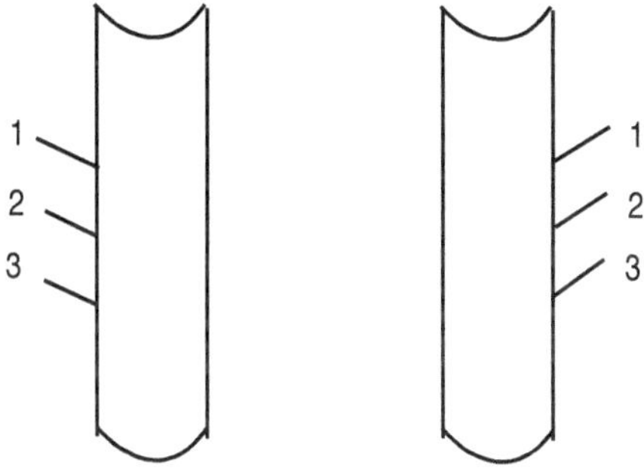

9. ¿Es posible desenlazar a los niños?

10. El cuadrado blanco de afuera es más grande que el de adentro. ¿Tú que opinas?

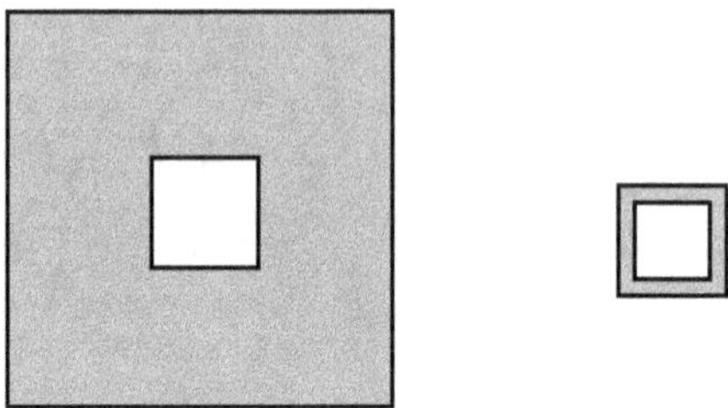

11. ¿Crees que las líneas A, B, C y D son rectas?

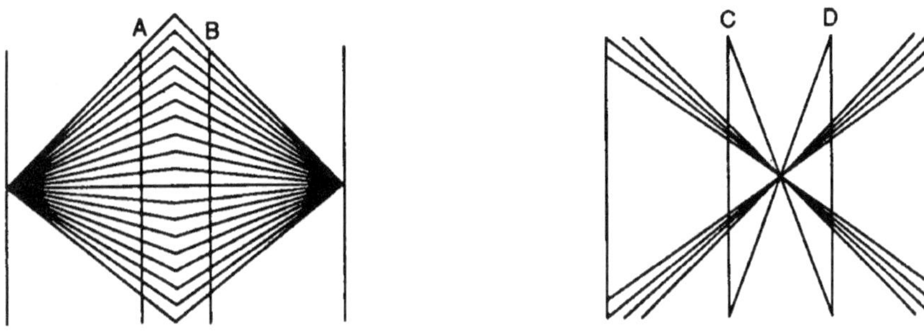

12. ¿Será posible que la línea A B, sea igual que la línea C D?

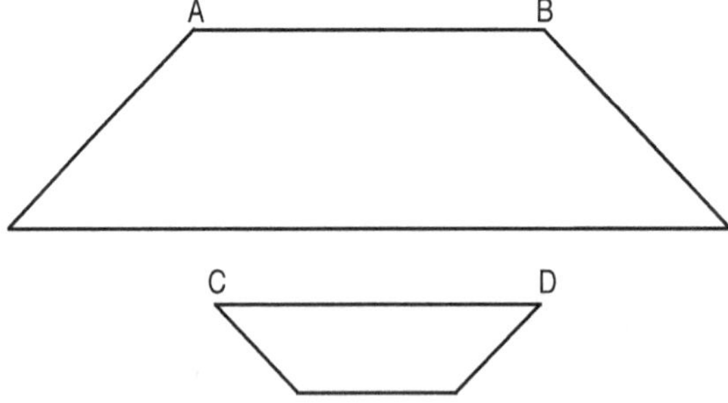

13. ¿Cuál de los dos puntos está en el centro de la circunferencia?

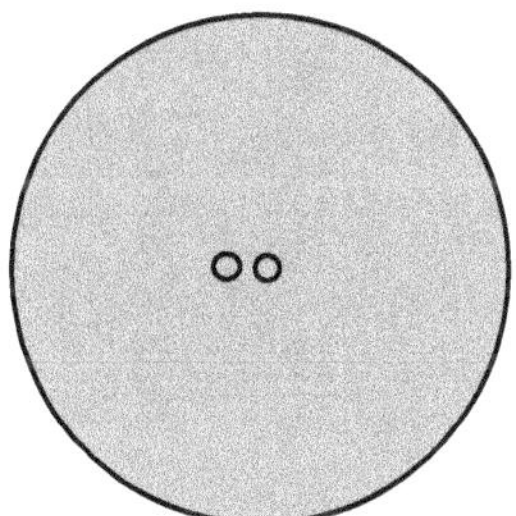

14. ¿Podrán ser iguales esas dos líneas curvas?

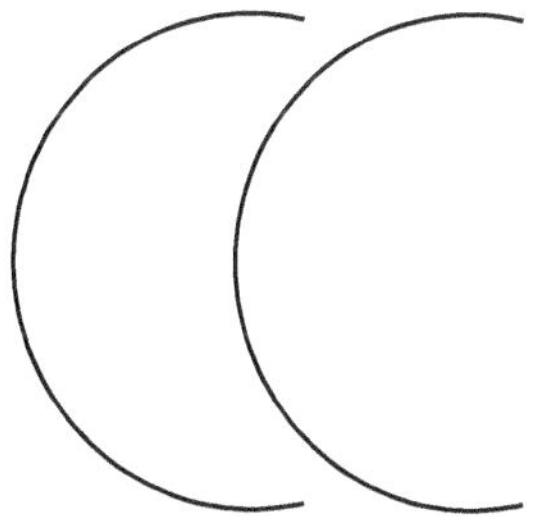

15. ¿Los puntos dentro de los círculos están en línea recta?

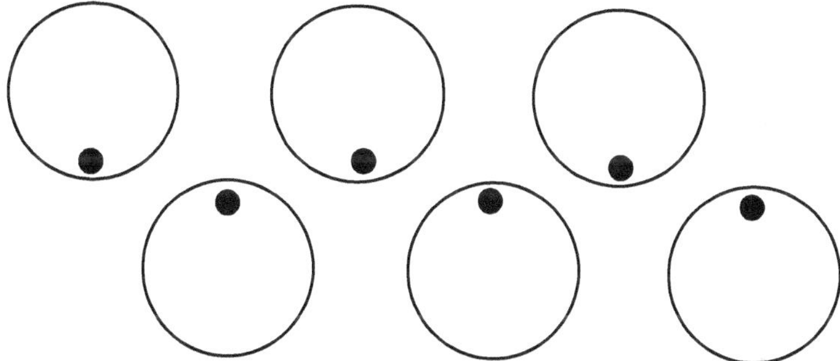

16. ¿Serán iguales los segmentos S y T?

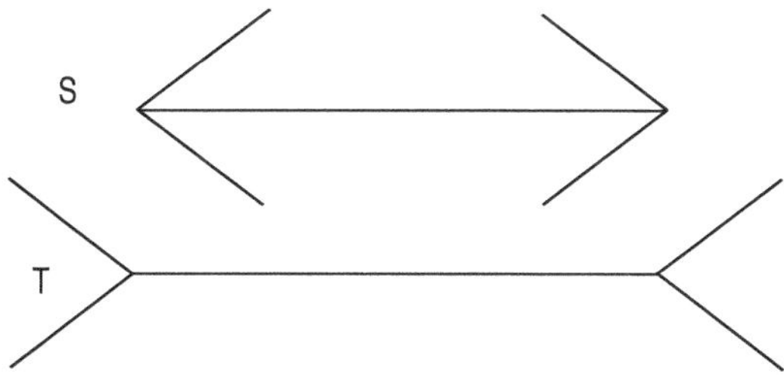

# Soluciones

1, 2 y 3. Ésto se comprueba, midiendo y hallando el área.

Al observar detenidamente, se concluye que se trata de perfiles completamente diferentes.

5. Se toma cualquier vértice de la estrella y se logra recorrer volviendo al punto de partida, con un sólo trazo de lápiz.

6. No puede ser recorrida mediante un sólo trazo de lápiz. Porque tiene cinco vértices cuatro de los cuales son los puntos terminales de 3 arcos, en otras palabras de un orden impar y, por lo tanto se necesitan dos rutas.

7. La figura 1 representa un triángulo, la figura 2 representa su distorsionado gemelo surrealista, topológicamente la figura 2 es una copia perfecta de la figura 1.

Las líneas rectas, son curvas los ángulos están cambiados y distorsionados, las longitudes de los lados alteradas pero subsisten propiedades geométricas comunes a ambas figuras.

En la figura 1 el punto D, está situado entre los puntos A y C y el E entre A y B. En la figura 2 se mantiene ese orden. El orden de los puntos es, por lo tanto invariable bajo la transformación que produjo esa transformación.

El triángulo pudo haber sido transformado de alguna otra manera.

8. No se pueden unir los números correspondientes mediante líneas que no se corten.

Pueden trazarse dos líneas que unan dos números cualesquiera correspondientes pero no puede trazarse la tercera sin cruzar a una de las otras dos.

9.  Es posible hacerlo.

10. No. Medir los lados, hallar el área.

11. Sí. Son rectas. Aparentemente se ven curvas, por las otras rectas. Ejemplo claro de ilusión óptica.

12. Son diferentes. Mídalas. Compare resultados.

13. Tome un compás, con la punta de este haga centro en uno de ellos y trace la circunferencia. De esta forma determinará cual de los dos puntos es el centro de la circunferencia.

14. Son diferentes las líneas curvas, para corroborarlo utilice el compás.

15. No. Trace una recta, si todos los puntos están contenidos en la recta, éstos forman una línea recta, si ocurre lo contrario los puntos dentro de los círculos no están en línea recta.

16. Sí. Halle la longitud de los segmentos S y T. Compare resultados.

# Capítulo 9

# El ajedrez y otros juegos

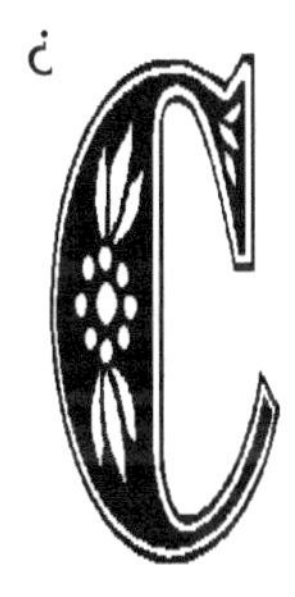

1. ¿uál es el mínimo número de reinas que se necesita colocar sobre un tablero de ajedrez de manera que ocupen o controlen todos los cuadros del tablero?

2. Unas fichas de dominó tienen la misma forma y tamaño que dos cuadros de un tablero de ajedrez. Es fácil ver cómo se puede recubrir todo el tablero con 32 fichas.

   ¿Podrías decir si es posible, o no, cubrir el tablero que muestra la figura con 31 fichas del dominó?

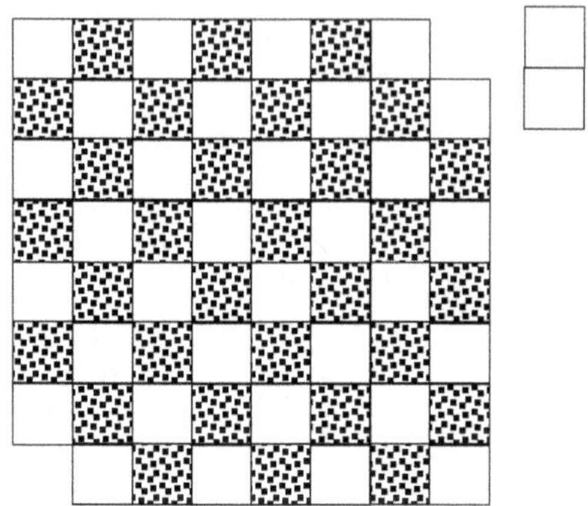

3. Averiguar ¿qué camino debe seguir un caballo de ajedrez para correr una y sólo una vez todos los cuadros del tablero? Se puede comenzar en tableros de 3 x 3, 4 x 4, así sucesivamente.

4. Una compañía minera, desea explotar un terreno, se debe comenzar por el cuadrado señalado *inicio*, e ir avanzando de parcela hacia arriba, abajo, a la derecha a la izquierda pero nunca en diagonal. Una misma parcela no puede ser perforada dos veces.

Hallar el recorrido más rentable en los 13 primeros cuadros que explotan.

| 32 | 80 | 19 | 98 | 1 | 90 | 14 | 85 |
|----|----|----|----|----|----|----|----|
| 66 | 22 | 73 | 52 | 72 | 57 | 83 | 31 |
| 30 | 84 | 41 | 73 | 16 | 74 | 45 | 92 |
| 77 | 6 | 70 | 24 | INICIO | 28 | 67 | 11 |
| 32 | 99 | 44 | 81 | 27 | 75 | 42 | 98 |
| 68 | 21 | 72 | 56 | 59 | 42 | 75 | 17 |
| 34 | 87 | 19 | 92 | 5 | 99 | 27 | 88 |

5. Si observamos cómo están distribuidos los números alrededor de una diana de dardos, no parece haber en ella lógica ni matemática alguna. Una manera sería volver a distribuir los números de manera que la suma de cada número al siguiente fuera la máxima posible, al recorrer toda la diana. Investiga ¿cuál sería el resultado?

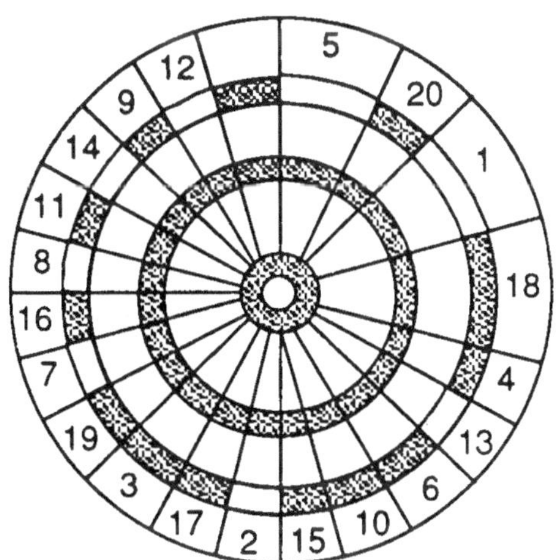


6. El juego de Nim

Es para 2 personas. Para jugar se necesita cierta cantidad de fichas, pueden ser cerillas o palillos. El juego comienza con las fichas distribuidas en un cierto número de montones.

Cada jugador puede retirar tantas fichas como desee pero de un sólo montón (puede llevarse un montón entero si quiere, pero ha de llevarse al menos una ficha). Ganará el jugador que se lleve la última ficha.

Trata de inventarte una estrategia para ganar.

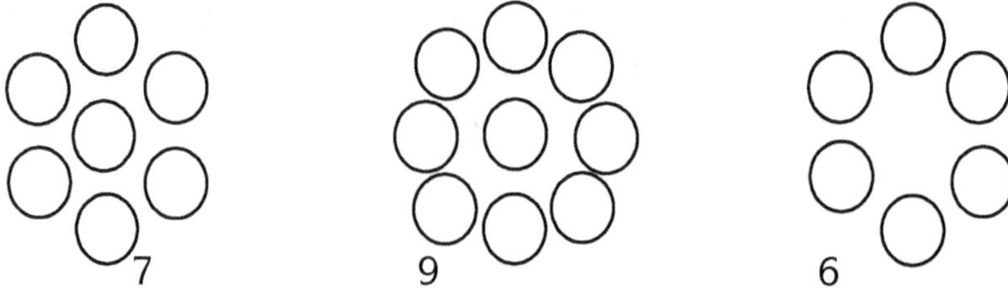

7.  Colocar 16 peones sobre un tablero de ajedrez, de manera que no haya 3 peones en línea recta.

8.  Averiguar qué camino debe seguir un caballo de ajedrez para recorrer, una y sólo una vez todos los cuadros de un tablero rectangular de 5 x 4.

9.  Averiguar qué camino debe seguir un caballo de ajedrez para correr una y sólo una vez todos los cuadros de un tablero rectangular de 4 x 3.

# Soluciones

1. Se puede comenzar con un tablero de 4x4, dos reinas.

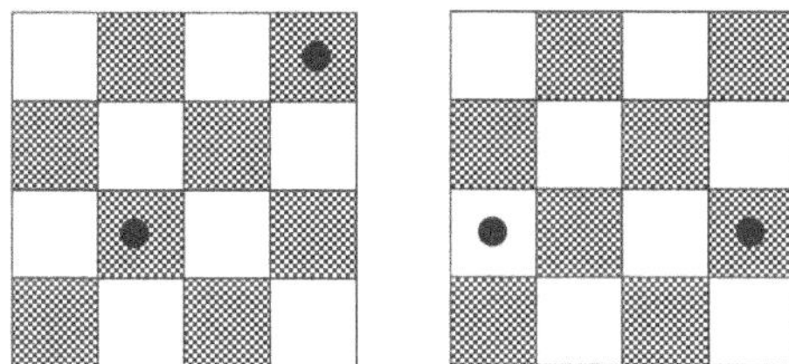

Otra solución para el tablero de 5x5, tres reinas.

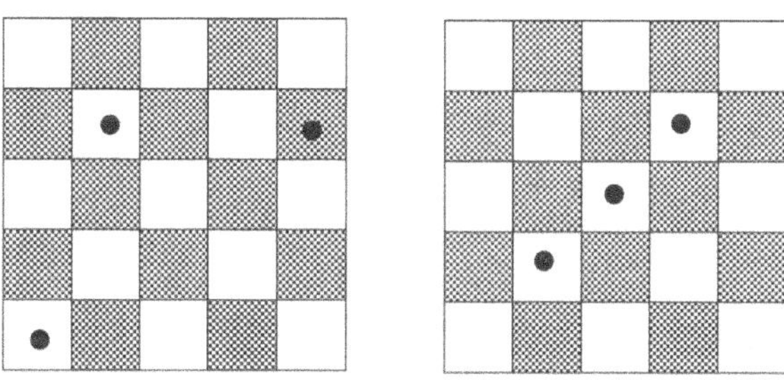

Encuentra otras soluciones para el tablero de 4 x 4 y 5 x 5.
En el tablero 6 x 6, se puede resolver el problema con sólo tres reinas, pero esencialmente de una única manera.

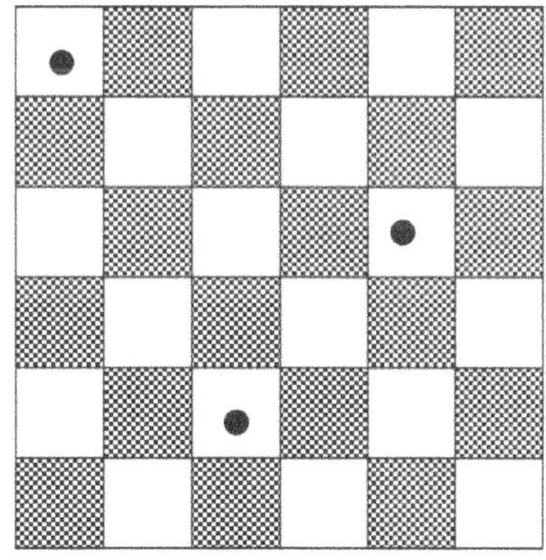

En el tablero de 7 x 7, son necesarias 4 reinas para resolverlo.

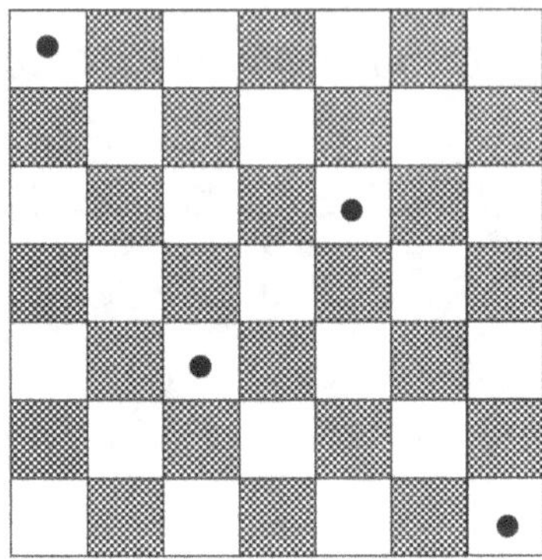

En el tablero 8 x 8 la solución requiere cinco reinas.

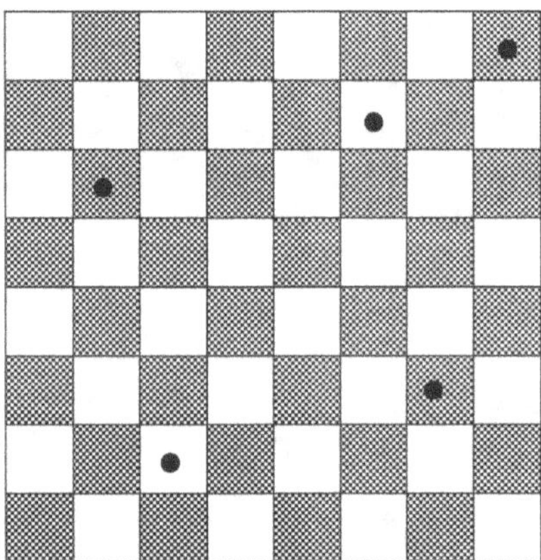

Busca otras soluciones para los tableros, 6 x 6, 7 x 7 y 8 x 8.

2. El problema propuesto es imposible.

Imagínate cada ficha del dominó pintada la mitad blanca y la otra mitad negra, según los cuadros del tablero que ocupe. Al quitar dos cuadros opuestos al tablero pierde dos del mismo color y quedan por ejemplo 30 negros y 32 blancos. No hay manera de colocar las fichas del dominó cubriendo el tablero puesto que cada ficha cubre inevitablemente un cuadro blanco y otro negro.

3. En un tablero, 4 x 4, es imposible un paseo a caballo pero sí es posible encontrar un camino que recorra 15 de los 16 cuadrados.

| 6 | 9 | 2 | 16 |
|---|---|---|---|
| 1 | 12 | 5 | 8 |
| 10 | 7 | 14 | 3 |
| 13 | 4 | 11 | |

No hay solución.

| 1 | 14 | 9 | 20 | 3 |
|---|---|---|---|---|
| 24 | 19 | 2 | 15 | 10 |
| 13 | 8 | 25 | 4 | 21 |
| 18 | 23 | 6 | 11 | 16 |
| 7 | 12 | 17 | 22 | 5 |

Una solución 5 x 5

| 1 | 32 | 9 | 22 | 7 | 30 |
|---|---|---|---|---|---|
| 10 | 23 | 36 | 31 | 16 | 21 |
| 33 | 2 | 17 | 8 | 29 | 6 |
| 24 | 11 | 26 | 35 | 20 | 15 |
| 3 | 34 | 13 | 18 | 5 | 28 |
| 12 | 25 | 4 | 27 | 14 | 19 |

Una solución 6 x 6

| 11 | 22 | 33 | 44 | 13 | 24 | 3 |
|----|----|----|----|----|----|----|
| 32 | 43 | 12 | 23 | 2 | 45 | 14 |
| 21 | 10 | 39 | 34 | 37 | 4 | 25 |
| 42 | 31 | 36 | 1 | 40 | 15 | 46 |
| 9 | 20 | 41 | 38 | 35 | 26 | 5 |
| 30 | 49 | 18 | 7 | 28 | 47 | 16 |
| 19 | 8 | 29 | 48 | 17 | 6 | 27 |

Una solución 7 x 7

4.  Un posible camino sería

24 - 70 - 6 - 77 - 30 - 66 - 22 - 73 - 19 - 98 - 1 - 90 - 14 que daría un beneficio de 590 millones.

Se pueden obtener otras soluciones, mucho más rentables.

Este es un problema interesante para proponer a un grupo de personas y ver quién consigue el camino más productivo.

Otra solución sería:

28 - 74 - 45 - 83 - 57 - 72 - 52 - 73 - 41 - 40 - 44 - 81 - 56 , que da unos beneficios de 776 millones.

Utilizando esta misma tabla de números, es fácil proponer otros rompecabezas análogos. ¿Cuál será el camino más corto que recorra todos los cuadrados que pueden dar un beneficio de al menos 80 millones?

¿Cuál es el camino para obtener el menor beneficio?

5. La solución de la figura hace máxima la suma de las diferencias entre números adyacentes.

Tenemos:

10 saltos de 10
9 saltos de 9
y 1 salto de 19
Lo que da una suma de 200 unidades.

En general, si *n* es un número par, podemos colocar los números 1, 2, 3,..., *n* en torno a un círculo de manera que la suma de los sucesivos saltos sea igual a $\dfrac{1}{2}n^2$

¿Qué distribución, de los mismos números haría mínima la suma de las diferencias?

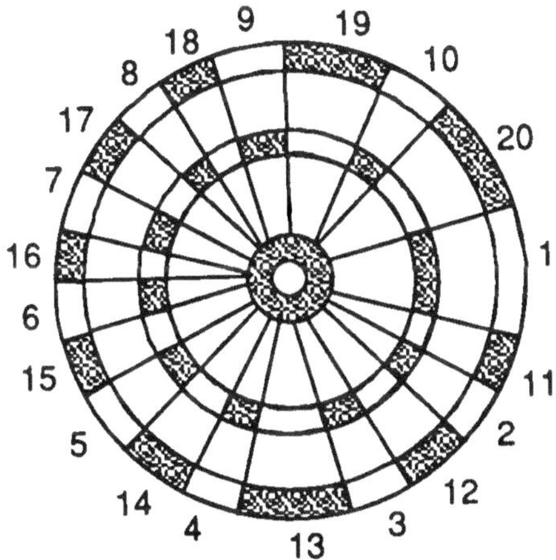

6. El interés especial del juego deriva de que sus posiciones pueden ser clasificadas como seguras o inseguras.

A partir de una posición segura, un jugador sólo puede crear una posición insegura, independientemente de las fichas que retire. Sin embargo, desde una posición insegura se puede pasar a otra segura o insegura. Así, pues un jugador que haya analizado el juego siempre puede pasar de una posición insegura a una segura y derrotar a su oponente. Hay muchas más posiciones inseguras que seguras pero para poder aprovechar este hecho es necesario saber distinguir entre unas y otras.

En nuestro ejemplo, se pasa a base dos, el número de fichas de cada montón y suma los dígitos de cada columna (sin llevar).

| En base 10 | En base 2 |
|---|---|
| 7 | 111 |
| 9 | 1011 |
| 6 | 110 |
| Suma de los dígitos | 1222 |

Es una posición segura, la suma de los dígitos tiene que ser *par*, por lo tanto esta posición es insegura.

Para pasar a una posición segura se podría reducir el segundo montón a 1.

| | |
|---|---|
| 7 | 111 |
| 1 | 110 |
| 6 | 222 |

Es una posición segura. Porque éste es el único movimiento seguro a partir de esta posición.

Otras posiciones seguras son:

(2, 4, 6);  (2, 5, 7);  (1, 2, 3);  (7, 10, 13).

7. La solución de la figura es un caso especial de la posibilidad de situar *2n* fichas sobre un tablero *n* x *n*, de manera que no haya tres fichas alineadas.

Obsérvese el eje de simetría horizontal que suele ser una de las características de la solución de problemas de este tipo.

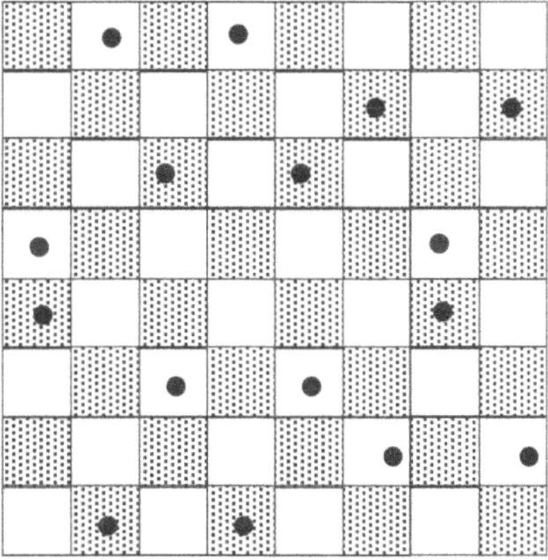

8.

| 1 | 20 | 7 | 16 | 3 |
|---|---|---|---|---|
| 6 | 15 | 2 | 11 | 8 |
| 19 | 10 | 13 | 4 | 17 |
| 14 | 5 | 18 | 9 | 12 |

5 x 4

9.

| 1 | 4 | 7 | 10 |
|---|---|---|---|
| 8 | 11 | 2 | 5 |
| 3 | 6 | 9 | 12 |

4 x 3

# Bibliografía

OLT, Brian. *Divertimentos matemáticos*. España. Ed.
   Labor, S.A. 1986.

BOURBAKI, Nicolás. *Elementos de la historia de las matemáticas*. España. Ed. ALianza Universitaria. 1976.

FONSECA H. Nelson. *Cuánto sabemos. Aptitud matemática*. Bogotá. Ed. Atlas. 1988.

GARDNER, Martín. *Carnaval matemático*. España. Ed.
   Alianza Editorial. 1984.

E. KASNER. J. Nekiman. *Matemáticas e imaginación I*.
   España. Biblioteca Científica. Ed. Salvat. 1987.

_______________. *Matemáticas e imaginación II*. España.
   Biblioteca Científica. Ed. Salvat. 1987.

PEAGET, Jean. *La formación del símbolo en el niño*. España. Ed. Fondo de Cultura Económica. 1985.

__________. *Génesis del número en el niño*. España. Ed. Guadalupe. 1984.

SÁNCHEZ Medina, Guillermo. *El arte de enseñar y aprender*. Bogotá. Selección cultura colombiana. Ed. Plaza y Janés. 1986.

VINNET, Manuel. *Matemática y pedagogía*. España. Ed. Alianza Editorial. 1983.

Y. Perelman. *Matemáticas Recreativas*. Moscú. Ed. Mir. 1986.

La autora

# Esperanza Casas A.

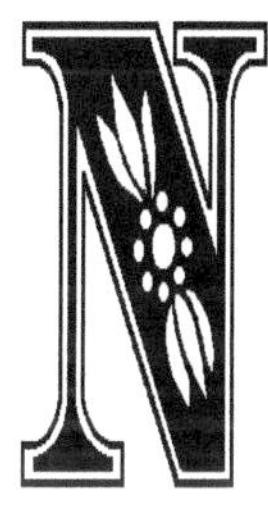ormalista Superior del Liceo Femenino de Cundinamarca, Licenciada en Ciencias de la educación, área de matemáticas de la Universidad Distrital.

Investigadora en innovación educativa para la enseñanza de las matemáticas, a través de la lúdica y el desarrollo del pensamiento.

Participó en el Foro Distrital, "Las matemáticas algo más que cuatro operaciones" y su ponencia fue considerada por los expertos como una experiencia exitosa, 2002.

Ha publicado las siguientes obras: Divertidas matemáticas, Juegos matemáticos, Festival matemático e Inteligencia visual y espacial, con la Cooperativa Editorial Magisterio. Las cartillas Juegos matemáticos activos, números 1, 2, 3, 4 y 5 con la editorial Rei-Andes.

Su obra enfatiza el desarrollo del pensamiento lógico-matemático y el estímulo de los procesos cognoscitivos y creativos, tomando como eje central la interpretación y la resolución de problemas, desde grados cero hasta grado undécimo.

La estructura de la obra, la organización y selección de los contenidos, permite que los estudiantes sean los protagonistas del proceso de aprendizaje. Por ello, las actividades están orientadas a desarrollar el pensamiento estratégico (atención, observación, concentración, percepción, creatividad, coordinación motriz, juicio y razonamiento). Además involucra el manejo del conocimiento semántico (conceptos) y el conocimiento algorítmico (procedimientos).

Actualmente se encuentra vinculada a la Secretaría de la Educación, como profesora de tiempo completo en el Colegio José María Córdoba.